Unterrichtsziele spielend erreichen

Die besten Spiele zum Lernen mittendrin

Dr. Jessica Lütge

 **Verlag an der Ruhr**

Impressum

Titel: *Unterrichtsziele spielend erreichen:*
Die besten Spiele zum Lernen mittendrin
Band 2

Autorin: Dr. Jessica Lütge

Titelbildillustration: Dorothee Wolters

Fotos: Christian Weißenborn

Druck: Druckerei Uwe Nolte, Iserlohn

Verlag: Verlag an der Ruhr
Alexanderstraße 54 – 45472 Mülheim an der Ruhr
Postfach 10 22 51 – 45422 Mülheim an der Ruhr
Tel.: 02 08 / 439 54 50 – Fax: 02 08 / 439 54 239
E-Mail: info@verlagruhr.de
www.verlagruhr.de

© **Verlag an der Ruhr 2009**
ISBN 978-3-8346-0542-9

Die Schreibweise der Texte folgt der neuesten Fassung der Rechtschreibregeln – gültig seit August 2006.

Gedruckt auf chlorfrei gebleichtes Papier.

Wir sind seit 2008 ein ÖKOPROFIT®-Betrieb und setzen uns damit aktiv für den Umweltschutz ein. Das ÖKOPROFIT®-Projekt unterstützt Betriebe dabei, die Umwelt durch nachhaltiges Wirtschaften zu entlasten.

Das Werk und seine Teile sind urheberrechtlich geschützt. Jede Verwendung in anderen als den gesetzlich zugelassenen Fällen bedarf der vorherigen schriftlichen Einwilligung des Verlages. Die im Werk vorhandenen Kopiervorlagen dürfen für den eigenen Unterrichtsgebrauch in der jeweils benötigten Anzahl vervielfältigt werden. Der Verlag untersagt ausdrücklich das Speichern und Zurverfügungstellen dieses Buches oder einzelner Teile davon im Intranet (das gilt auch für Intranets von Schulen), Internet oder sonstigen elektronischen Medien. Kein Verleih.

Inhaltsverzeichnis

5 | So erreichen Sie Unterrichtsziele spielend
7 | So sind die Spiele aufgebaut

9 | Die besten Spiele, um die Kommunikation anzuregen

11 | Ketten-Pantomime
12 | Urwald-Schnack
13 | Auf die Linie gebracht
14 | „Stille Post" mit dem ganzen Körper
15 | Roboter und Techniker
16 | Vertrauensschlange
18 | Formen im Kreis
19 | Plauderstunde
20 | Kommunikation der Sinne
21 | Silbenwirrwarr
22 | Zwei Spieler, ein Stift
23 | Gedanken lesen
24 | Manchmal ist alles anders
25 | Intuitives Zählen
26 | Lügengeschichten
27 | Waffel-Nuscheln
28 | Toller Turmbau
29 | Blinder Bär im Wald
30 | Stimmungen raten
31 | Bitte alle Platz nehmen!
32 | Zeichendiktat
34 | Besenstiel-Balance
35 | Sieh genau hin!
36 | Wilde Werbung
37 | Wo bist du?
38 | Buchstaben verschluckt
39 | Quatschdebatte

41 | Die besten Spiele als Muntermacher zwischendurch

43 | Was wirfst du denn da?
44 | Onkel Mo macht immer so!
45 | Größer, kleiner, lauter, leiser
46 | Luftnasen
47 | Pingpong mit dem ganzen Körper
48 | Mir liegt es auf dem Fuß
49 | Schnippschnapp, Bein ab!

50	Mandarinen-Memo
51	Verzwicktes Schenkelklopfen
52	Versteck summen
53	Schlapp hat den Hut verloren
54	Alleskleber
55	Comicsprache
56	Ab in die Ecke!
57	Mundartistik
58	Autowäsche
59	Zählen für Fortgeschrittene
60	Drüber und drunter
61	Zeitlupenspiel
62	Stadtflitzer
63	Klein, aber fein
64	Der Ritt der Cowboys
65	Weder Hand noch Fuß
66	Entspannungstrainer
67	Anfassen erlaubt
68	Tierkonzert
69	Kanon klatschen

71	**Die besten Spiele, um Kreativität zu fördern**
73	Gemeinsames Bild
74	Zoom
75	Es geht auch anders!
76	Das größte Papierschiff der Welt
77	Die Bildhauer
78	Maschinen-Erfinder
79	Perspektivenwechsel
80	Handlung fortsetzen
81	Was stellt unser Bild dar?
82	Lügen erlaubt
83	Fabelhafte Fabelfigur
84	Lebendige Maschine
85	Krümelmonster mit System
86	Zeitung wenden
87	Silbensalat
88	Bildermischmasch
89	Original und Fälschung
90	Was wäre, wenn ...
91	Hallo, Gesicht!
92	Im Stadion

93	Über die Autorin
94	Literaturtipps
95	Internettipps

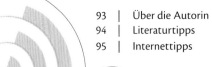

So erreichen Sie Unterrichtsziele spielend

„Spielen ist die einzige Art, richtig verstehen zu lernen."
Frederic Vester

Seit Jahrzehnten ist es in der Schulpraxis selbstverständlich, den Unterricht durch Spiele aufzulockern. Schließlich haben so Schüler* und Lehrer gleichermaßen mehr Freude am Schulalltag. Dass **Spielen und Lernen unmittelbar zusammenhängt**, ist seit Langem bekannt.
In dieser 3-bändigen Reihe „Unterrichtsziele spielend erreichen" erfahren Sie, wie Sie Spiele nicht nur als Auflockerung oder Zeitvertreib einsetzen, sondern sie für einen echten **Mehrwert in Ihrem Unterricht** nutzen können. Die Frage ist: Wie betten Sie Spiele in Ihren Unterricht ein, damit sie Ihre **Unterrichtsziele und -methoden unterstützen**?

Aufgrund der Vielzahl der Spiele und ihrer verschiedenen Ansätze sind die Spiele auf 3 Bände aufgeteilt:

Im **1. Band „Die besten Spiele zum Unterrichtsbeginn"** (ISBN 978-3-8346-0541-2) finden Sie vor allem Spiele für einen **gelungenen Unterrichtseinstieg** und für den **„Neubeginn"**. Das kann der Beginn einer neuen Unterrichtsreihe sein oder aber der Start mit einer neuen Schülergruppe. Sie finden hier die besten Spiele, um Schüler kennenzulernen, vorhandenes Wissen zu aktivieren, Schüler auf Neues einzustimmen, sie auf den Unterrichtsgegenstand hin zu orientieren und Kleingruppen für die Arbeit zu bilden.

Dieser **2. Band „Die besten Spiele zum Lernen mittendrin"** beschäftigt sich hauptsächlich mit der **Arbeits- bzw. Transformationsphase** im Unterricht. Diese Spiele helfen Ihnen, die in der Orientierung angestrebten Lernziele auch zu erreichen. Hier geht es um ein produktives Miteinander im Unterricht und um ein spielerisches Training so genannter „Soft Skills" wie Kommunikations- und Teamfähigkeit, Kreativität, Problemlösen und Eigenverantwortung. Außerdem werden lustige „Muntermacher" für zwischendurch vorgestellt, um den Kindern ihre wohlverdienten Pausen zu ermöglichen.

Der **3. Band „Die besten Spiele für den Abschluss mit Gewinn"** (ISBN 978-3-8346-0543-6) beschäftigt sich vor allem mit dem **Stundenende**, aber auch mit **Unterrichtsreihen- und Schuljahresabschlüssen**. Hier finden Sie die effektivsten Spiele, um Themeneinheiten abzuschließen, Inhalte und Lernmethoden zu reflektieren und Wissen nachhaltig zu festigen. Mit diesen Spielen runden Sie Ihren erfolgreichen Unterricht und den Schultag harmonisch ab.

Gemeinsam mit den Schülern spielen, verschafft den Kindern und Ihnen gute Laune und sorgt für eine **angenehme Atmosphäre** – vor allem, wenn die Schüler die Sinnhaftigkeit und ihren **persönlichen Nutzen des Spiels erkennen.** Machen Sie ruhig selbst bei den Spielen mit. Man merkt oft erst hinterher, wie gut der spielerische Umgang einem selbst tut.

Vielleicht stellen Sie sich eine Art **„Spielebuffet"** zusammen: Markieren Sie in unterschiedlichen Farben Ihre Lieblingsspiele mit den dazugehörenden Klassenstufen. So sehen Sie auf einen Blick, mit welcher Gruppe Sie bereits welches Spiel eingesetzt haben.

Und nun wünsche ich Ihnen viel Spaß und Erfolg beim spielerischen Lernen.

Dr. Jessica Lütge

* Aus Gründen der besseren Lesbarkeit haben wir in diesem Buch durchgehend die männliche Form verwendet. Natürlich sind damit auch immer Frauen und Mädchen gemeint, also Lehrerinnen, Schülerinnen etc.

So sind die Spiele aufgebaut

Zu jedem Spiel finden Sie auf den ersten Blick 6 Kategorien,
die Ihnen die Auswahl für Ihre speziellen Bedürfnisse leicht machen:

- **Ziel**
  Hier ist das Unterrichtsziel benannt, das Sie mit diesem Spiel unterstützen. So sehen Sie sofort, welchen zusätzlichen Schwerpunkt Sie mit diesem Spiel setzen können.

- **Dauer**
  Hier ist die ungefähre Spieldauer angegeben. Sie finden in diesem Band Spiele für ganz schnell zwischendurch, aber auch Spiele, mit denen Sie bequem eine ganze Unterrichtsstunde gestalten können.

- **Material**
  Ein großes Plus: Für die meisten Spiele benötigen Sie gar kein oder nur sehr wenig Material. Meistens finden sich die Gegenstände, die Sie brauchen, bereits im Fundus der Klasse oder sind leicht selbst herzustellen.

- **Sozialform**
  Auf einen Blick sehen Sie, ob die Schüler am besten als Partner oder in Teams, im Sitzkreis, in Bewegung oder am Platz spielen können.

So geht's und Variante

Hier erfolgt eine ausführliche Beschreibung des Spiels. Häufig finden Sie auch zusätzliche Angebote als Varianten.

Kommentar

Das Motto lautet: Aus der Praxis für die Praxis. Sie erhalten hier hilfreiche Tipps, Erfahrungswerte und Anekdoten aus meiner eigenen Schulpraxis. Grundsätzlich sind alle Spiele für die Jahrgangsstufen 1–4 konzipiert und altersübergreifend einsetzbar. Wenn ein Spiel eher besser für jüngere oder ältere Schüler geeignet erscheint, was aber selten vorkommt, ist dies immer vermerkt. Sie finden fast immer Tipps, wie Sie das Spiel so verändern können, dass jeweils auch andere Altersgruppen davon profitieren.

Unterrichtsziele spielend erreichen:

Die besten Spiele, um die Kommunikation anzuregen

Kapitel 1

Die besten Spiele, um die Kommunikation anzuregen

Die Kommunikationsfähigkeit gehört sicherlich zu den wichtigsten Soft Skills im Leben – egal, ob in der Schule, in der Freizeit oder im Beruf.

Zum „guten" Kommunizieren gehört allerdings nicht nur, Informationen sachgerecht und verständlich zum Adressaten zu transportieren, sondern auch, viele kleine „Nuancen" von Gesprächen zu beherrschen:
Gutes Beobachten, um die Körpersprache des Gesprächspartners zu verstehen und zu deuten, Inhalte und Kritik nett „verpacken" können, Beziehungen und Stimmungen losgelöst vom Inhalt wahrnehmen und selbst beeinflussen.
Wir sagen dazu oft umgangssprachlich: „Ein Sprachgefühl entwickeln."

Natürlich müssen die Kinder lernen, vor und mit anderen zu sprechen. Insbesondere für zurückhaltende Kinder ist dies oftmals eine Herausforderung, während andere scheinbar mühelos draufloserzählen, aber häufig gar nicht merken, wie sie ihre Zuhörer dabei „überrennen".
Solche Kommunikations-Aspekte üben Sie mit den Angeboten in diesem Kapitel spielerisch.

Überraschen Sie Ihre Schüler doch einmal damit, ob sie vielleicht „Gedanken lesen" können (s. S. 23). Wollen Sie die Aussprache trainieren, hilft ein ganz einfaches Schauspieltraining: „Waffel-Nuscheln" (s. S. 27). Spiele, die auf den ersten Blick sehr einfach erscheinen, aber häufig zu interessanten Verblüffungen führen, sind „Bitte alle Platz nehmen!" (s. S. 31) oder „Roboter und Techniker" (s. S. 15).

Da Kinder gerne als „Konstrukteure" handeln, probieren Sie unbedingt die Spiele „Toller Turmbau" (s. S. 28) oder „Kommunikation der Sinne" (s. S. 20) aus. Sie werden sehen, wie die sprachlichen Fähigkeiten der Kinder durch die verschiedenen Spiele immer mehr an Feinheiten gewinnen.

Ein positiver Nebeneffekt: Auch der schriftliche Ausdruck verbessert sich dabei.

Ketten-Pantomime

Ziel		trainiert die Ausdrucks- und Beobachtungsfähigkeit
Dauer		ca. 15–20 Minuten
Material		–
Sozialform		Einzelarbeit/ganze Klasse

So geht's

Für dieses Spiel müssen zunächst 4 Schüler die Klasse verlassen. Alle anderen sind Beobachter und in das Spiel eingeweiht. Die Schüler in der Klasse legen gemeinsam fest, welche Tätigkeit nachgeahmt werden soll, z.B.: *einen Seehund mit einem Fisch füttern*. Nun wird der erste der 4 Schüler von draußen in die Klasse gerufen. Alle eingeweihten Kinder führen ihm die Tätigkeit vor, indem sie den „Seehund" pantomimisch füttern.

Danach wird der zweite Schüler hereingerufen, und nur der erste muss nun seinem Nachfolger alleine die Tätigkeit vorführen – alle anderen Kinder beobachten nur noch. Anschließend ruft der zweite Schüler den dritten herein und führt ihm die Tätigkeit pantomimisch vor, danach der dritte dem vierten.

Der vierte Schüler zeigt nun als Letzter allen die Tätigkeit, die ihm vorgeführt wurde, und versucht, zu erraten, um welche Pantomime es ursprünglich ging.

Variante

Statt einer einzelnen Tätigkeit können auch zusammenhängende Kombinationen nachgespielt werden. So kann z.B. zuerst der Boden gefegt, dann zusammengekehrt und zum Schluss der Abfall in den Mülleimer geworfen werden – natürlich alles ohne Worte!

Kommentar

Dieses Spiel symbolisiert sehr schön, wie sich vage Informationen von Person zu Person verbreiten und dabei immer mehr verändert werden. Was bedeutet das für „Klatsch" und „Tratsch"? Hier bietet sich abschließend ein gemeinsames Unterrichtsgespräch an.

Urwald-Schnack

Ziel	◉	Koordination in der Gruppe, taktisches Überlegen
Dauer	◉	ca. 10–20 Minuten
Material	◉	–
Sozialform	◉	Kleingruppen in Bewegung

So geht's

Die Handbewegungen von „Schnick, Schnack, Schnuck" kennt jeder. Viel spannender ist es aber, wenn man bei diesem Spiel vollen Körpereinsatz zeigen darf.

Hierzu bilden Sie 3er- oder 4er-Teams. Statt Schere, Stein und Papier könnten die Figuren *Prinzessin, Ritter* und *Drache* oder *Tarzan, Jane* und *Gorilla* gewählt werden.

Für jede Figur wird zu Beginn mit der ganzen Klasse ein Standbild festgelegt. Tarzan könnte beispielsweise mit den Fäusten auf die Brust trommeln. Jane könnte sich durch ihr Haar streichen und sich einmal um sich selbst drehen, und der Gorilla könnte mit beiden Beinen in der Hocke hüpfen.
Nun wählt jedes Team ganz geheim eine Figur aus, also Tarzan, Jane oder Gorilla. Die Teams bewegen sich anschließend durch den Raum. Wenn sie auf ein anderes Team treffen, stellen alle gleichzeitig ihre Figur dar. Dabei siegt Tarzan über den Gorilla, der Gorilla über Jane und Jane über Tarzan.

Das Siegerteam erhält 1 Punkt, und weiter geht's zu einem neuen Team. Natürlich darf nun eine andere Figur heimlich abgesprochen werden, um den Überraschungseffekt zu behalten.

Kommentar

Das Spiel ist viel lustiger als das bekannte „Schnick, Schnack, Schnuck" und fördert besonders die Absprache und das taktische Überlegen innerhalb der Gruppen.

Auf die Linie gebracht

Ziel	)))	Verbesserung der Kooperationsfähigkeit
Dauer	)))	ca. 10–20 Minuten
Material	)))	2 Kreppstreifen von ca. 5 Metern Länge
Sozialform	)))	2 Großgruppen

So geht's

Für dieses Spiel benötigen Sie etwas Platz, am besten im Tafelbereich. Die Schüler bilden 2 Gruppen. Kleben Sie die 2 Kreppstreifen parallel zueinander im Abstand von ca. 2 Metern auf den Boden.
Jede Gruppe stellt sich zu einem Kreppstreifen. Die Aufgabe lautet nun für beide Gruppen, dass sich alle Mitglieder der Größe nach auf dem Kreppstreifen sortieren sollen, und zwar völlig ohne Worte. Dazu müssen sich alle Schüler durch körpersprachliche Verständigung irgendwie einordnen. Die schnellste Gruppe gewinnt. Durchmischen Sie die Gruppen anschließend neu, und spielen Sie eine neue Runde. Sollte in einer Gruppe gesprochen werden, hat automatisch die andere Gruppe gewonnen.

Variante

Statt einer einzelnen Linie kleben Sie für jede Gruppe 2 Kreppstreifen dicht nebeneinander (Abstand ca. 50 cm), sodass ein Feld entsteht. Die Aufgabe ist die gleiche, nur dürfen die Mitglieder das Feld zwischen ihren Kreppstreifen nicht verlassen. Auf diese Weise kann niemand von außen nachprüfen, ob die Größenabstufung stimmt. So wird das Spiel viel schwieriger.

Kommentar

Bei diesem Spiel müssen die Schüler zunächst einmal richtig ihre Köpergrößen abschätzen, was manchmal gar nicht so leicht ist, und sich dann auch noch nur mit Gesten verständigen. Daher ist dieses Spiel natürlich sehr leise. Beobachten Sie doch einmal, wer in den Gruppen schnell zum „stillen Wortführer" wird. Bei diesem Spiel werden sehr viele Kompetenzen trainiert (Kooperation, stille Kommunikation, Regeln einhalten), daher ist es pädagogisch besonders wertvoll.

„Stille Post" mit dem ganzen Körper

Ziel	trainiert nonverbale Kommunikation und genaues Beobachten
Dauer	ca. 15–30 Minuten
Material	–
Sozialform	mehrere Kleingruppen

So geht's

Sie kennen bestimmt den Spieleklassiker „Stille Post", bei dem immer ein Begriff von Schüler zu Schüler weitergeflüstert wird und der letzte den oft sehr entfremdeten Begriff laut nennen muss. Dieses Spiel hingegen ist jedoch rein pantomimisch. Mehrere Kleingruppen stehen jeweils in einer Reihe hintereinander. Jeder, bis auf den ersten in der Gruppe, blickt dabei auf einen Hinterkopf. Alle Gruppen handeln nun gleichzeitig:
Der jeweils letzte Schüler jeder Gruppe denkt sich einen Begriff oder auch eine Tätigkeit aus und tippt dem Vordermann auf die Schulter. Dieser dreht sich um und lässt sich den Begriff pantomimisch vorspielen.

Wenn er glaubt, den Begriff oder die Tätigkeit richtig erraten zu haben, tippt er seinem Vordermann auf die Schulter und spielt ihm die Pantomime vor.
So geht es weiter, bis der erste Schüler in der Reihe die Pantomime richtig errät. Die schnellste Gruppe gewinnt.

Natürlich kommen auch hier die verrücktesten Situationen zu Stande.
In der nächsten Runde spielen die Kinder in umgekehrter Reihenfolge, d.h. der Letzte wird zum Ersten und umgekehrt.

Kommentar

Ein leises, aber enorm actionreiches Spiel, das die Schüler immer wieder gerne wiederholen. Als Nostalgiker erinnern Sie sich bestimmt noch an die Spielshow „Ruck-Zuck" aus den 1990er-Jahren, die sehr ähnlich funktionierte.

Roboter und Techniker

Ziel	)))	trainiert Problemlösen, Raumorientierung und exaktes Formulieren
Dauer	)))	ca. 15 – 25 Minuten
Material	)))	Alltagsgegenstände aus dem Klassenzimmer
Sozialform	)))	3er-Gruppen

So geht's

Die Schüler bilden 3er-Gruppen. Jede Gruppe bestimmt einen *Techniker* und zwei *Roboter*. Natürlich dürfen die Rollen zwischendurch getauscht werden. Die beiden Roboter stehen Rücken an Rücken und halten gemeinsam einen Gegenstand (z.B. einen Stift oder ein Lineal) in der Hand, den sie an einen bestimmten Platz ablegen müssen.

Nun geht es los. Der Techniker dirigiert seine Roboter durch das Klassenzimmer, indem er ihnen genaue Anweisungen gibt, wie viele Schritte sie in welche Richtung machen müssen. Dabei dürfen sich die Teams gegenseitig nicht berühren. Wenn die Roboter ihren Gegenstand abgelegt haben, müssen sie natürlich wieder zum Ausgangsort zurückdirigiert werden und sich zum Schluss drehen, sodass sie sich gegenüberstehen. Erst dann werden sie ausgeschaltet.

Variante

Jüngere Kinder können Sie auch Paare bilden lassen, sodass jedes Kind nur einen Roboter steuern muss. Dies ist natürlich erheblich einfacher.

Kommentar

Schüler lieben das Spiel mit Maschinen, vor allem, wenn sie nach Belieben steuerbar sind. Die Techniker müssen sich gut überlegen, welche Anweisungen sie ihren Robotern geben. Mit „links", „rechts", „vorne" und „hinten" werden sie nicht weit kommen, denn für beide Roboter bedeuten die Anweisungen eine andere Richtung. Eine mögliche Lösung wäre hier, einen *Chef-Roboter* zu bestimmten, für den die Richtungsanweisungen gelten. Der andere Roboter muss die Anweisungen dann umkehren.

Vertrauensschlange

Ziel	◉	fördert Vertrauen, Kooperation, motorische Fähigkeiten, genaues Formulieren und Zuhören
Dauer	◉	ca. 25 – 45 Minuten
Material	◉	2 Augenbinden (Schals, Tücher …), evtl. Kreppband, um ein Feld abzugrenzen, evtl. große Gegenstände als Hindernisse
Sozialform	◉	2 Großgruppen

So geht's

Für dieses Spiel brauchen Sie viel Platz. Am besten eignet sich dazu der Schulhof oder die Turnhalle. Definieren Sie ein Spielfeld (ca. 5x5 Meter) durch Kreppband oder durch die farbigen Linien in der Turnhalle. Wenn Sie möchten, platzieren Sie Hindernisse in dem Feld, z.B. durch Kästen in der Turnhalle.

Die Schüler bilden 2 Gruppen. Jede Gruppe stellt sich hintereinander in dem Feld auf und bildet somit eine lange Schlange. Dem ersten Kind in der Schlange werden die Augen verbunden. Dieses kann die Schlange also nicht mehr sicher anführen. Der echte Anführer ist deshalb der letzte Schüler in der Schlange.

Dieser muss dem „Kopf" nun Anweisungen geben, wie er durch das Feld gehen soll und Hindernissen ausweichen kann. Hierzu darf er beliebige Kommandos benutzen. Nur stehen bleiben ist verboten. Die Schlangen müssen ununterbrochen in Bewegung sein. Natürlich müssen sich beide Schlangen gegenseitig ausweichen. Haben sich die Schlangen 5 Minuten lang (oder eine von Ihnen vorgegebene Zeit) kollisionsfrei bewegt, haben alle gewonnen. Die Kinder tauschen die Rollen, damit auch andere einmal „Kopf" und „Schwanz" sein dürfen.

Varianten

Der „Schlangenschwanz" darf nicht mehr rufen, sondern das zweite Kind in der Schlange berührt seinen Vordermann mit den verbundenen Augen an der rechten oder linken Schulter für die Kommandos „rechts" und „links" und an beiden Schultern für „geradeaus". Eine leichte Berührung bedeutet eine leichte Richtungsänderung, eine festere Berührung bedeutet eine größere Richtungsänderung.

Möchten Sie das Spiel ganz anspruchsvoll gestalten, darf weiterhin nur das letzte Kind in der Schlange den Kopf durch Berührungen steuern.

Wie geht das? Indem alle Kinder blitzschnell die Berührung des letzen Kindes nach vorne weitergeben. Der Kopf leitet dann die Richtungsänderung ein. Für diese Variante sollten Sie allerdings das Feld deutlich vergrößern (z.B. den ganzen Schulhof zulassen), da die Richtungsänderungen sehr verzögert eintreten.

Lassen Sie bei jüngeren Kindern auch das Anhalten der Schlange zu, um unnötige Gefahren zu vermeiden.

Wenn Sie einen richtigen Hindernisparcours mit einem vorgegebenen Weg aufbauen, können Sie auch ein Wettspiel daraus machen. Beide Schlangen durchlaufen den Parcours nacheinander. Sie stoppen die Zeit. Die schnellste Schlange gewinnt.

Kommentar

Dieses dynamische Spiel trainiert wertvolle Kompetenzen und Tugenden wie Vertrauen, Kooperation, Geschicklichkeit, genaues Formulieren und Zuhören. Eine schöne Idee, um auch einmal eine ganze Vertretungsstunde zu füllen.

Formen im Kreis

Ziel	trainiert die Orientierung im Raum, Kooperation und nonverbale Kommunikation
Dauer	ca. 10 – 20 Minuten
Material	evtl. Augenbinden für jedes Kind
Sozialform	ganze Klasse im Stehkreis

So geht's

Dieses Spiel können Sie mit allen Schülern gemeinsam oder auch mit 2 Gruppen spielen, wobei eine Gruppe die andere beobachten sollte. Für beide Möglichkeiten gilt derselbe Spielaufbau: Alle Schüler fassen sich an den Händen und bilden einen Kreis. Alle schließen die Augen oder verbinden sich die Augen.

Nun rufen Sie eine geometrische Form, z.B.: *„Bildet ein Rechteck!"* Die Schüler versuchen jetzt, da sie ja nichts sehen, nach ihrem eigenen Raumgefühl gemeinsam ein Rechteck zu formen.
Alle müssen dabei schweigen. Wenn nach einiger Zeit alle stehen geblieben sind und den Eindruck haben, dass sie nun ein Rechteck gebildet haben, rufen Sie *„Stopp!"*, und alle öffnen die Augen.

Haben die Kinder wirklich ein Rechteck geschafft?
Lassen Sie nun mit geschlossenen Augen weitere Formen bilden, z.B. eine Ellipse (ein Ei), ein Quadrat oder ein Dreieck.

Wichtig ist bei diesem Spiel eine anschließende kurze Reflexionsrunde: *„Wie habt ihr euch verständigt?"*, *„Wie habt ihr ein Gefühl für die Form entwickelt?"*). *„Was habt ihr als Beobachter festgestellt?"* (wenn Sie eine Beobachtungs-Gruppe gebildet haben).

Kommentar

Innerhalb der Klassengemeinschaft eine Form zu bilden, schafft ein tolles Wir-Gefühl. Alle Schüler sollten vorsichtig miteinander umgehen und sich auf ihr Gespür verlassen.

Plauderstunde

Ziel trainiert freies Sprechen vor der Klasse und Einschätzen der Mitschüler
Dauer ca. 15 – 25 Minuten
Material –
Sozialform ganze Klasse am Platz

Kommunikation

So geht's

2 Schüler, die sich nach Möglichkeit gut kennen sollten, verlassen den Klassenraum. Deren Aufgabe ist es, sich Gesprächsthemen zu überlegen, über die sie nach ein paar Minuten vor der ganzen Klasse plaudern müssen.

Die anderen Kinder überlegen sich in der Zwischenzeit 3 Themen, über die die beiden draußen sitzenden Kinder nicht sprechen dürfen, z.B. „Wetter", „Schule" und „Fußball".

Nun werden die beiden hereingerufen. Sie setzen sich nach vorne und beginnen, frei miteinander zu plaudern. Sobald über die verbotenen Themen gesprochen wird, ruft die Klasse laut *„Stopp!"*.
Nun dürfen 2 andere Kinder das Klassenzimmer verlassen. Wer schafft es, am längsten zu plaudern?

Kommentar

Das Plaudern vor der Klasse ist eine ungewohnte, aber spannende Situation für die Kinder. So tauen Schüchterne, die sonst nicht so gerne im „Rampenlicht" stehen, schnell auf.

Interessant wird es, wenn sich die Klasse genau die verbotenen Themen überlegt, die sie bei den draußen wartenden Kindern vermuten. Sind z.B. zwei Freundinnen gemeinsam im gleichen Musikverein, sollte die Klasse das Thema „Musik" tabuisieren. Die draußen wartenden Mädchen wiederum sollten sich gezielt Gesprächsthemen überlegen, die die anderen bei ihnen nicht vermuten. Vielleicht reden sie einmal über Fußball und verblüffen damit die Jungs in der Klasse.

Kommunikation der Sinne

Ziel	)	fördert die sinnliche Wahrnehmung und die Kooperation
Dauer	)	ca. 45 Minuten
Material	)	Ton, Schälchen mit Wasser, Abdeckfolie, Augenbinden für jedes Kind
Sozialform	)	Partnerarbeit

So geht's

Dies ist ein besonders sinnliches Spiel, für das Sie ein wenig Vorbereitungszeit benötigen. Decken Sie alle Tische mit Plastikfolie ab. Die Schüler bilden nun Paare (s. Band 1, ab S. 75). Jedes Paar erhält eine Kugel Ton und ein Schälchen mit Wasser. Allen Kindern werden anschließend die Augen verbunden.
Nun soll jedes Paar gemeinsam aus dem Ton eine Skulptur formen.
Wenn keine Figur vorgegeben wird, kann dies völlig frei geschehen.
Der Schwerpunkt liegt mehr auf dem gemeinsamen Entdecken des Materials.
Sie können den Schülern aber auch eine Vorgabe machen wie:
„Formt gemeinsam eine Schale!" oder „Formt gemeinsam einen Elefanten!".
Da die Kinder nichts sehen, haben sie nur die Möglichkeit, sich mündlich abzusprechen.
Reflektieren Sie anschließend im Sitzkreis, wie die Kommunikation dazu beigetragen hat, zu einem schönen Ergebnis zu kommen.

Kommentar

Die meisten Schüler arbeiten gerne mit Ton, da dies ein besonders sinnliches Erlebnis ist. Durch die verbundenen Augen wird die Sinneswahrnehmung zusätzlich gestärkt. Die Aktivität eignet sich gut für eine Vertretungsstunde.

Silbenwirrwarr

Ziel	)))	trainiert Hörverständnis und Konzentration
Dauer	)))	ca. 10 – 15 Minuten
Material	)))	–
Sozialform	)))	ganze Klasse in Bewegung

So geht's

2 Schüler verlassen den Klassenraum. Die anderen suchen sich gemeinsam ein Wort aus, das man gut in Silben sprechen kann, z.B. *„Ge-burts-tags-tor-te"*. Es sollte mindestens 4 oder mehr Silben beinhalten, bei jüngeren Schülern dürfen es aber auch weniger sein.

Nun teilen Sie die Klasse entsprechend der Silbenanzahl des Wortes in Gruppen auf. Jede Gruppe erhält nun eine Silbe, z.B. *„Ge"* oder *„tor"*, die sie ununterbrochen sprechen muss. Die Schüler dürfen sich dabei im Klassenraum bewegen.

Nun werden die beiden Kinder von draußen hereingerufen. In dem allgemeinen Silbenwirrwarr müssen sie nun das richtige Wort erkennen. Wer von beiden dies zuerst schafft, hat gewonnen.

Variante

Wenn Sie dieses Spiel mit jüngeren Schülern spielen, nehmen Sie zunächst nur einfache Wörter mit 2 oder 3 Silben. Sie können die Gruppen auch geschlossen an ihrem Platz belassen, damit das Wort etwas schneller gefunden werden kann.

Kommentar

Bei diesem Spiel dürfen alle einmal ununterbrochen reden, was gut zur Erfrischung mittendrin eingesetzt werden kann und die Quasselstrippen natürlich sehr freuen wird.

Zwei Spieler, ein Stift

Ziel	◉	trainiert die nonverbale Kooperation
Dauer	◉	ca. 15 – 20 Minuten
Material	◉	Papier und Stifte
Sozialform	◉	Partnerarbeit

So geht's

Die Aufgabe für die Kinder ist es, gemeinsam ein Bild zu malen.
Dazu bilden sie Paare (s. Band 1, ab S. 75). Jedes Paar bekommt allerdings nur einen Stift. Beide müssen gleichzeitig den Stift festhalten. Es darf dabei auf keinen Fall gesprochen werden!
Die Kunst ist nun, so miteinander nonverbal zu kommunizieren, dass ein gemeinsames Bild entsteht. Manchmal muss einer, mal der andere führen. Vielleicht koordinieren sich die Kinder durch Kopfnicken, um die Führungsrolle zu wechseln. Um die Aufgabe etwas zu erleichtern, können Sie auch ein Motiv vorgeben. So soll z.B. jedes Paar ein Feuerwehrauto malen. Beim anschließenden Betrachten der Bilder im Sitzkreis werden alle staunen, wie unterschiedlich ein Feuerwehrauto aussehen kann.

Variante

Etwas ältere Schüler können auch nur das Blatt bewegen. Einer hält den Stift auf das Blatt, und der Partner bewegt das Blatt so, wie der Stift eigentlich geführt werden soll. Nach 3 Minuten wird abgewechselt.

Kommentar

Dieses Spiel verbindet besonders Kommunikation mit Kooperation.
Nur, wenn sich die Partner aufeinander einlassen, werden sie ein harmonisches Bild bekommen.

Gedanken lesen

Ziel sensibilisiert für nonverbale Signale des Gesprächspartners
Dauer ca. 10 – 15 Minuten
Material –
Sozialform Partnerarbeit

So geht's

Bei diesem Spiel experimentieren die Schüler, ob sie vielleicht sogar Gedanken lesen können. Das ist natürlich eine faszinierende Angelegenheit.
Zunächst bilden die Schüler Paare. Nun stellt ein Partner dem anderen Entscheidungsfragen, auf die er nur mit *Ja* oder *Nein* antworten kann, z.B.: „Magst du gerne Erdbeereis?"
Nach etwa 5 Fragen soll der Partner nicht mehr „Ja" oder „Nein" sagen, sondern nur noch mit dem Kopf nicken oder ihn schütteln.
Nach weiteren 5 Fragen darf er auch das nicht mehr tun, sondern soll ohne jede Bewegung, nur in Gedanken, dem anderen Schüler *Ja* oder *Nein* mitteilen.
Nach der Runde teilt der Fragende seinem Partner seine Vermutungen mit. Der Partner bestätigt oder verneint die Vermutungen. Es ist nun spannend, festzustellen, wer die Gedanken lesen konnte.
Anschließend wechseln die Partner ihre Rollen, sodass nun der andere befragt wird.

Kommentar

Je länger man sich mit einem Menschen befasst, desto eher erhält man auch nonverbale Signale, die man deuten kann. So werden viele Schüler wahrscheinlich tatsächlich die stummen Antworten richtig deuten und „Gedanken lesen" können, weil sie während des Spiels – vor allem unbewusst – auf die Mimik des anderen geachtet haben.

Manchmal ist alles anders

Ziel	◉	trainiert die Wahrnehmungsfähigkeit für Details
Dauer	◉	ca. 15 Minuten
Material	◉	Papier und Stifte
Sozialform	◉	Partnerarbeit

So geht's

Alle Schüler sitzen sich in 2 langen Reihen gegenüber, sodass jeder einen Partner vor sich sitzen hat.

Jeder hat nun 3 Minuten Zeit, seinen Partner ganz genau zu betrachten.

Die Kinder sollen sich möglichst alle Einzelheiten des anderen merken.

Auf Ihr Kommando drehen sich nun die Paare um, sodass sie Rücken an Rücken sitzen. Jedes Kind darf nun an sich selbst 5 Dinge verändern, z.B. einen Schuh ausziehen, einen Ärmel hochschieben, die Uhr abnehmen. Schwierig wird es bei Kleinigkeiten wie einen Knopf öffnen oder schließen, den Gürtel um ein Loch verändern, eine Haarspange verschieben …

Nun drehen sich alle Schüler wieder um. Sie haben nun wieder 3 Minuten Zeit, die Veränderungen am Partner zu entdecken. Anschließend wird verglichen. Wer hat es geschafft, wirklich alle Veränderungen zu finden?

Kommentar

Die Schüler erkennen, dass auch Kleinigkeiten wichtig sein können.
Sie sind sehr eifrig bei der Sache und lernen, genau zu beobachten.

Intuitives Zählen

Ziel	🔊	stärkt die intuitive Wahrnehmung
Dauer	🔊	ca. 10 – 15 Minuten
Material	🔊	–
Sozialform	🔊	ganze Klasse im Steh- oder Sitzkreis

So geht's

Alle Schüler treffen sich im Kreis und schließen die Augen.
Die Aufgabe für alle klingt zunächst einfach: Von 1 bis zur Schüleranzahl zu zählen (z.B. 28). Allerdings gibt es zwei Bedingungen:
Es dürfen nicht zwei Zahlen zugleich genannt werden, und niemand darf sich absprechen. Nennen zwei Schüler die gleiche Zahl, muss die ganze Gruppe wieder von vorne beginnen.
Beispiel: Beginnen Sie, und sagen Sie *„Eins"*. Nun muss ein anderer Schüler *„Zwei"*, noch ein anderer *„Drei"* usw. sagen, bis die Zielzahl erreicht wurde. Dies soll aber nicht reihum passieren, sondern intuitiv.
Ein Schüler, der erfolgreich eine Zahl genannt hat, darf im weiteren Verlauf keine Zahl mehr nennen. Die Schüler sollen selbst ein Gefühl dafür entwickeln, wann nun am besten die nächste Zahl gesagt werden kann, ohne dass es zu Überschneidungen kommt. Je öfter Sie dieses Spiel spielen, desto besser wird die intuitive Verständigung funktionieren. Falls Ihre Klasse die Zielzahl erreicht, teilen Sie doch eine kleine Belohnung für alle aus.

Variante

Sie können dieses Spiel, vor allem mit jüngeren Kindern, auch mit geöffneten Augen spielen. Dies spricht dann nicht so sehr die Intuition, sondern vielmehr das genaue Beobachten an.

Kommentar

Weil Kinder, die bereits eine Zahl genannt haben, aus dem Spiel sind, wird das Spiel zum Ende hin einfacher, weil die „Fehlerquellen" kleiner werden. Wenn Sie das Spiel anspruchsvoller gestalten wollen, lassen Sie diese Regel einfach weg.

Lügengeschichten

Ziel trainiert die Wahrnehmung von Stimme und Gestik
Dauer ca. 30 Minuten
Material –
Sozialform ganze Klasse im Sitzkreis

So geht's

Dies ist ein Lügenspiel, das vor allem die Menschenkenntnis stärkt.
Zu Beginn sitzen alle Schüler im Kreis.
Einer beginnt, und erzählt den anderen 3 verschiedene Dinge, die er gerne macht. Allerdings ist eine Sache davon gelogen. Die anderen müssen herausfinden, was das ist.

Anna sagt z.B.: *„Ich esse gerne Vanilleeis, fahre oft Inlineskates und traue mich, vom 5-Meter-Brett zu springen. Was ist davon gelogen?"*
Nun müssen die anderen Kinder raten. Für Annas Freunde ist es natürlich viel leichter, die Unwahrheit herauszufinden.
Deshalb sagen Sie den Schülern zu Beginn, dass sie möglichst nur solche Dinge erzählen sollen, die den anderen noch nicht bekannt sind.
Wer die Lüge richtig errät, darf nun als Nächstes erzählen.

Ältere Kinder können natürlich auch ein paar Verwirrungen einbauen, die die anderen auf eine falsche Fährte lenken. Die Schüler werden schnell merken, dass sie auch auf die Körpersprache achten müssen. Wer eine Lüge erzählt, verhält sich oftmals anders. Er verändert vielleicht seine Sitzposition, überlegt länger als sonst, blinzelt, kramt mit den Händen herum oder sagt diesen Satz schneller oder langsamer.

Kommentar

Solche Lügenspiele sind besonders beliebt. Schließlich ist Lügen normalerweise nicht sehr erwünscht, doch hier wird niemandem Schaden zugefügt, und die Kinder können nach Herzenslust flunkern und falsche Fährten legen. Mit diesem Spiel bringen Sie auch Kinder zum Sprechen, die sonst eher zurückhaltend sind.

Waffel-Nuscheln

Ziel	🔊	verbessert die Aussprache
Dauer	🔊	ca. 10 – 20 Minuten
Material	🔊	Waffelröllchen für jeden Schüler
Sozialform	🔊	ganze Klasse am Platz

So geht's

Dies ist ein Spiel, das Schauspieler häufig anwenden, um ihren mündlichen Ausdruck zu verbessern. Normalerweise nimmt man hierzu Korken. Viel lustiger und vor allem schmackhafter ist es aber, wenn man kleine Waffelröllchen benutzt, die hinterher aufgegessen werden können.

Zu Beginn schreibt jeder Schüler 3 Sätze seiner Wahl auf, die die anderen natürlich nicht kennen. Dann werden 2 Mannschaften gebildet. Nun erhält jeder Schüler ein Waffelröllchen, das er quer in den Mund steckt, am besten ganz vorne, sodass das Röllchen mit den Zähnen festgehalten werden kann. Natürlich darf nicht zu fest gebissen werden!

Nun muss jeder Schüler seine 3 Sätze vorlesen. Das hört sich am Anfang wahrscheinlich noch sehr „vernuschelt" an. Die andere Gruppe muss raten, wie die Sätze heißen.

Kommentar

Je öfter Sie dieses Spiel spielen, desto besser wird es den Schülern gelingen. Ein toller Nebeneffekt: Die Aussprache wird sich erheblich verbessern.

Toller Turmbau

Ziel	◉	trainiert exaktes Beschreiben und genaues Zuhören
Dauer	◉	ca. 25 – 40 Minuten
Material	◉	Bauklötze in ausreichender Anzahl
Sozialform	◉	Kleingruppen

So geht's

Als Vorbereitung geben Sie den Schülern einfaches Baumaterial wie z.B. Holzbauklötze. Diese sollten mehrfach vorhanden sein. Vielleicht haben Sie ja in Ihrem Klassenraum sogar eine Bauecke, sodass Sie einfach auf vorhandenes Material zurückgreifen können. Falls nicht, sollen die Schüler von zu Hause einige Bauklötze mitbringen. Die Schüler bilden 3er- oder 4er-Teams. Jeweils ein Gruppenmitglied, der „Baumeister", muss nun den Raum verlassen. Ihm werden die Augen verbunden. Die anderen Mitglieder sind die „Konstrukteure". Sie bauen nun gemeinsam ein Gebäude und haben dafür ca. 5 Minuten Zeit. Anschließend wird der Baumeister wieder hereingerufen.

Da er ja die Augen verbunden hat, kann er auch das Gebäude nicht sehen. Er muss dieses nun aber nun exakt nachbauen. Dabei helfen ihm die Konstrukteure. Diese beschreiben ihm, welche Bauklötze er an welche Stellen setzen muss. Welche Gruppe kann dies am besten beschreiben?

Variante

Je nach gewünschtem Schwierigkeitsgrad dürfen die Konstrukteure ihrem Baumeister die richtigen Bauklötze in die Hand geben, oder dieser muss sich die Bauklötze anhand der genauen Beschreibung ertasten.

Kommentar

Nachdem alle Gruppen ihre Gebäude gebaut und bewundert haben, sollten Sie im Kreis noch einmal mit allen Schülern reflektieren, was den Baumeistern geholfen hat oder welche Anweisungen der Konstrukteure vielleicht eher verwirrend waren. So lernen die Schüler, Dinge genau zu beschreiben, um gemeinsam im Team zu Lösungen zu gelangen.

Blinder Bär im Wald

Ziel		fördert Kooperation und Empathie
Dauer		ca. 10–15 Minuten
Material		eine Augenbinde
Sozialform		ganze Klasse im Stehkreis

So geht's

Die Schüler bilden einen Kreis. Dies ist die Grenze des „Waldes".
3 Schüler stellen sich in die Mitte des Kreises. Sie sind die Bäume und strecken ihre Arme als Äste aus.
Ein Kind ist der „Bär" und stellt sich an den Rand des Kreises. Der Bär soll nun mit verbundenen Augen versuchen, sicher durch den Wald auf die andere Seite zu gehen. Dabei darf der Bär aber nicht an die Bäume stoßen! Dies erscheint zunächst schwierig. Aber der Bär hat natürlich Helfer – das sind alle Kinder im Kreis. Sie dürfen nun „Links!", „Rechts!", „Vor!", „Zurück!" oder „Stopp!" rufen.
Da die Kinder natürlich alle eine andere Position im Kreis haben, werden sie auch andere Kommandos rufen. Der Bär muss also genau darauf achten, wer ihm am nächsten steht und welches Kommando ruft. Hat es der Bär geschafft, darf er ein anderes Kind als seinen Nachfolger bestimmen.

Kommentar

Hier ist besonderes Einfühlungsvermögen gefragt! Da alle Kinder gleichermaßen beteiligt sind, müssen sie gemeinsam auf den Bären achten und aus seiner Sicht die Richtung angeben.
Vielleicht finden die Kinder ja mit der Zeit ein unausgesprochenes Abkommen, dass nur diejenigen Kinder Anweisungen rufen, die dem Bären ganz nahe stehen.

Stimmungen raten

Ziel	Sensibilisierung für Gefühlsvarianten
Dauer	ca. 10 – 15 Minuten
Material	Zettel mit Gefühlsbegriffen, Schachtel
Sozialform	ganze Klasse am Platz

So geht's

Schreiben Sie zur Vorbereitung verschiedene Gefühlsäußerungen in Form von Aussagen auf kleine Zettelchen, und stecken Sie sie in eine Schachtel. Diese könnten wie folgt lauten:
„Heute ist ein wunderschöner Tag!", „Geh weg!", „Mir ist so langweilig!", „Das regt mich richtig auf!", „Sieh mal, da hinten!", „Gewonnen!", „Ich weiß es nicht!", „Hilfst du mir?", „Wo sind denn alle?", „Wir müssen abhauen!", „Ich fühle mich rundum glücklich!".

Alle Schüler sitzen auf ihrem Platz. Gehen Sie mit der Schachtel herum. Ein Schüler zieht nun einen Zettel. Dieser führt den Kindern seine Aussage pantomimisch vor. Die anderen versuchen, das Gefühl zu erraten. Es muss jedoch nicht der exakte Wortlaut genannt werden. Wer das zugehörige Gefühl richtig erkannt hat oder es umschreibt, darf nun als Nächster ziehen.

Kommentar

Bei diesem Spiel erfahren die Kinder, dass nonverbale Signale oft stärker wahrgenommen werden als der Inhalt von gesprochenen Worten. Gefühle wie Langeweile, Wut oder Glücklichsein sind viel leichter durch Körpersprache als durch Worte auszudrücken.

Versuchen Sie einmal, den Satz: *„Mir ist so langweilig"* fröhlich und energiegeladen auszusprechen. Sie werden feststellen, wie schwer das ist.

Bitte alle Platz nehmen!

Ziel — nonverbale Kooperation
Dauer — ca. 10 – 15 Minuten
Material — eine Augenbinde
Sozialform — ganze Klasse im Sitzkreis

So geht's

Alle Schüler stehen im Kreis vor ihren Stühlen. Sie halten sich an den Händen, dürfen aber nicht sprechen. Die Aufgabe ist nun, dass sich alle Schüler genau gleichzeitig hinsetzen. Das ist gar nicht so einfach. Meistens beginnen einige, aber andere stehen noch.
Die Schüler müssen also eine Möglichkeit finden, untereinander schweigend zu kommunizieren, sodass sich wirklich alle gemeinsam hinsetzen.

Variante

Sie könnten für jüngere Kinder bei diesem Spiel auch das Sprechen erlauben. Hier finden die Schüler dann relativ schnell heraus, dass man sich z.B. auf das Kommando „1, 2, 3!" hinsetzen kann.

Kommentar

Für Sie selbst ist es interessant, zu beobachten, wer hier schnell das Wort an sich reißt und wer eher auf andere reagiert.
In der stillen Variante werden dann viele Kinder ebenfalls auf den vermeintlichen Anführer schauen. Doch trotzdem wird das gemeinsame Hinsetzen so nicht gelingen. Erst, wenn sich die Gruppe gut eingespielt hat, können sich alle gemeinsam hinsetzen.

Zeichendiktat

Ziel		trainiert genaues Beschreiben, Zuhören und Kreativität
Dauer		ca. 20 – 30 Minuten
Material		evtl. Kopiervorlage (s. S. 33), Papier, Stifte, Unterlage
Sozialform		Partnerarbeit

So geht's

Die Schüler bilden einen Doppelkreis: einen Innen- und einen Außenkreis, sodass immer 2 Schüler Rücken an Rücken sitzen.

Um eine bevorzugte Partnerbildung zu vermeiden, lassen Sie alle Schüler des Innenkreises einfach einige Plätze weiterrücken, nachdem sie sich hingesetzt haben. Jeder erhält nun ein Blatt Papier, einen Stift und am besten eine feste Malunterlage. Verteilen Sie nun an alle Schüler des Außenkreises eine Malvorlage, z.B. das Auto, und an alle Schüler des Innenkreises eine andere Malvorlage, z.B. den halbierten Apfel. (Am besten vergrößern Sie die benötigten Motive mehrfach am Kopierer.) Jeder Schüler im Außenkreis beschreibt nun seinem Partner im Innenkreis seine Vorlage, die der Partner nun ausschließlich nach mündlicher Beschreibung zeichnen darf. Der Begriff (z.B. *Auto* oder *Apfel*) darf dabei nicht genannt werden.

Der Partner hat natürlich keine Ahnung, was er da eigentlich malt, da sich die Beschreibung vielleicht wie folgt anhört:

„*Male zwei Kreise. Verbinde die Kreise mit einem Strich. Male nun auf den Strich ein großes Rechteck …*"

Anschließend beschreiben die Kinder des Innenkreises dem Partner ihr Motiv. Wenn alle fertig sind, werden die Bilder verglichen. Großes Erstaunen ist garantiert.

Kommentar

Durch Zeichendiktate können Sie die Kinder an freiere Sichtweisen der Kunst heranführen. Dies ist eine sehr beliebte Methode im Kunstunterricht. Sie müssen sich nicht an die Zeichenvorlagen auf S. 33 halten. Geben Sie den Kindern doch auch einmal Bilder von abstrakten Kunstwerken für das Zeichendiktat.

Kapitel 1: **Die besten Spiele, um die Kommunikation anzuregen**

Besenstiel-Balance

Ziel	fördert Kooperation und Empathie
Dauer	ca. 10 Minuten
Material	mehrere Besenstiele oder Stäbe (in der Anzahl der Gruppen)
Sozialform	Gruppenarbeit

So geht's

Die Schüler bilden mehrere Gruppen. Jede Gruppe sollte aus 6 – 8 Kindern bestehen. Jede Gruppe erhält nun einen langen Stab oder auch einen Besenstiel. Die Gruppenmitglieder stellen sich hintereinander auf und halten gemeinsam den Besenstiel in die Höhe. Doch jeder darf den Stiel nur auf einem Finger tragen, sodass er durch die gesamte Gruppe ausbalanciert wird.

Da die Schüler ja unterschiedlich groß sind, muss also schon zu Beginn eine Balance geschaffen werden. Die Aufgabe ist nun, den Besenstiel gemeinsam auf den Boden abzusenken. Weiterhin darf natürlich jeder nur den Stiel mit einem Finger berühren. Welche Gruppe dies zuerst schafft, gewinnt.

Kommentar

Die Schüler lernen sehr schnell, dass es nicht auf ein Kommando, sondern auf gegenseitige Rücksichtnahme ankommt. Nur durch gegenseitiges Einfühlen kommen die Kinder an ihr Ziel.

Sieh genau hin!

Ziel		trainiert genaues Beobachten und schnelles Entscheiden
Dauer		ca. 10 – 15 Minuten
Material		evtl. ruhige Musik
Sozialform		ganze Klasse in Bewegung

So geht's

Die Schüler bewegen sich frei im Klassenraum, am besten zu ruhiger Musik. Sie sollen nun ihre Mitschüler so genau wie möglich beobachten und sich Details an Aussehen und Kleidung merken. Nach einigen Minuten stoppen Sie die Musik und stellen eine Frage, z.B.: *„Wer hat die meisten Farben in der Kleidung?"*
Nun sollen sich die Schüler blitzschnell für eine Person entscheiden, sich zu ihr stellen und deren Arm in die Luft heben. Anschließend werden die unterschiedlichen Farben gezählt. War die Wahrnehmung richtig?
Schalten Sie die Musik wieder ein. Stoppen Sie, und stellen Sie eine andere Frage, z.B.: *„Wer hat die meisten Knöpfe?"* Wieder müssen sich die Schüler blitzschnell zuordnen und ihre Wahrnehmung überprüfen.
Weitere Fragen könnten sein:
„Wer hat die längsten Haare?"
„Wer hat die größten Schuhe?"
„Wer trägt am meisten Rot/Grün/Gelb?"
„Wer hat die längsten Ohrringe?"
„Wer hat die dunkelsten Augen?"

Variante

Etwas einfacher wird das Spiel, wenn Sie vorher Kleingruppen bilden, sodass die Schüler dann nur 4 oder 5 Kinder beobachten müssen.

Kommentar

Bei diesem Spiel müssen die Kinder detailgenau beobachten und sich schnell entscheiden. Außerdem lernen sie so auch ihre Mitschüler besser kennen.

Wilde Werbung

Ziel fördert Kreativität und freies Sprechen
Dauer ca. 20–30 Minuten
Material Zettel mit Namen von Alltagsgegenständen
Sozialform ganze Klasse am Platz

So geht's

Zur Vorbereitung schreiben Sie die Namen von Gegenständen aus dem Klassenraum auf verschiedene Zettel, wie z.B. *Radiergummi, Füller, Klangschale, Schreibheft, Mathebuch, Kreide, Landkarte* etc.
Nun darf ein Schüler einen Zettel ziehen, den Gegenstand aber nicht nennen. Die Aufgabe ist nun für ihn, diesen Gegenstand zu beschreiben und anzupreisen, wie ein Vertreter, der seine Ware unbedingt verkaufen möchte. Die Werbung soll die anderen Kinder neugierig machen und ihnen vermitteln, dass sie diesen Gegenstand unbedingt brauchen.
Die Überraschung ist hinterher natürlich groß, wenn der „Käufer" merkt, um was es sich wirklich bei dem hoch angepriesenen Gegenstand handelt.

Kommentar

Hier dürfen die Kinder gerne übertreiben und angeben mit den tollen Sachen, die sie anpreisen. Ein kurzes Reflexionsgespräch bietet sich an, wie denn der „Verkaufsschlager" auf die anderen gewirkt hat.
Dieses Spiel eignet sich hervorragend begleitend zu einer Sachunterrichtseinheit zum Thema „Werbung". So lernen die Kinder exemplarisch, wie die Werbeindustrie versucht, die Menschen zu manipulieren, indem sie Wünsche weckt für Dinge, die oft völlig nutzlos sind. Lassen Sie die Kinder zu diesem Zweck doch auch einmal völlig wertlose Dinge bewerben! Wer schafft es, die Klasse zu überzeugen?

Wo bist du?

Ziel		trainiert Raumorientierung und genaues Hinhören
Dauer		ca. 10 – 15 Minuten
Material		Musik zum Bewegen
Sozialform		ganze Klasse in Bewegung

So geht's

Für dieses Spiel benötigen Sie etwas Platz. Am besten gehen Sie dazu in die Turnhalle oder auf den Schulhof. Ansonsten räumen Sie im Klassenraum alle Tische zur Seite, damit genügend Platz zum Bewegen ist.

Einem Schüler werden die Augen verbunden. Alle bewegen sich nun zur Musik im Raum. Wenn Sie die Musik stoppen, erstarren alle Schüler auf der Stelle. Sie dürfen aber natürlich eine bequeme Position einnehmen.

Nun darf der Sucher mit den verbundenen Augen den Namen eines beliebigen Schülers rufen. Dieser antwortet kurz mit einem Geräusch.

Der Sucher muss sich nun im Raum orientieren, um den Schüler zu finden. Auf seiner Suche wird er natürlich auf andere Schüler treffen und muss sich entscheiden, ob er vielleicht schon den gesuchten Schüler gefunden hat. Insgesamt darf er nur 3-mal eine „Hörprobe" verlangen. Hat der Sucher den richtigen Schüler gefunden, ist dieser nun an der Reihe. Hat der Sucher es allerdings nicht geschafft, wird derjenige Schüler der neue Sucher, der ihm am nächsten steht.

Kommentar

Es ist gar nicht so leicht, den richtigen Standort zu bestimmen, vor allem, wenn viele Schüler in der Nähe stehen. Falls das Spiel älteren Kindern zu leicht fällt, lassen Sie andere Kinder „Störgeräusche" machen, um den Sucher abzulenken.

Buchstaben verschluckt

Ziel	fördert Konzentration und Hörverstehen
Dauer	ca. 10 Minuten
Material	–
Sozialform	Partnerarbeit

So geht's

Dies ist ein kniffliges Spiel, bei dem die Kinder sehr gut aufpassen müssen.
Die Schüler bilden Paare. Jeweils ein Paar sitzt sich gegenüber und darf nun
10 Minuten miteinander plaudern. Allerdings darf ein bestimmter Vokal, z.B. das
„I" nicht gesagt werden. Stattdessen dürfen die Kinder z.B. nur das „O" benutzen.
Der Satz „*Ich ging in das Schwimmbad*" hört sich dann folgendermaßen an:
„*Och gong on das Schwommbad.*"
Die Zuhörer hören gut zu und müssen den Sinn verstehen.
Außerdem passen sie natürlich auf, dass ihre Gesprächspartner keine Fehler
machen. Benutzt ein Kind einen falschen Vokal, werden die Rollen getauscht.
Wer schafft es, 2 Minuten am Stück zu reden, ohne einen Fehler zu machen?
Geben Sie von Zeit zu Zeit andere „verbotene" Vokale mit ihren Alternativen vor,
z.B. „*Ersetzt jedes ‚U' durch ein ‚E'.*"

Kommentar

Das Spiel eignet sich auch sehr gut für den morgendlichen Erzählkreis. So können
die Schüler einerseits über ihre Erlebnisse berichten, andererseits wird besonders
die Aufmerksamkeit geschult.

Quatschdebatte

Ziel trainiert selbstbewusstes Argumentieren und den eigenen Standpunkt zu vertreten
Dauer ca. 15 – 20 Minuten
Material –
Sozialform Partnerarbeit/Kleingruppen

So geht's

Die Schüler bilden 2er- oder 4er-Teams. Sie sollen sie nun über ein unsinniges Thema debattieren. Die Schüler oder Sie schlagen zunächst ein Streit-Thema bzw. eine Diskussion vor. Nun wird innerhalb der Kleingruppen verabredet, wer dafür und wer dagegen ist. Sammeln Sie gemeinsam mit der Klasse zunächst einige Argumente, oder schreiben Sie einige Stichworte auf Kärtchen, die dann von den Schülern gezogen werden. Mögliche Themen könnten z.B. sein:
„Soll vor der Schule eine Eisbude aufgestellt werden?"
„Sollen die Weihnachtsferien sechs Wochen und die Sommerferien nur zwei Wochen dauern?"
„Sollte man auf den Fluren nur rückwärtslaufen dürfen?"
Jetzt versuchen die Kinder, in einem zeitlich begrenzten Streitgespräch ihren Standpunkt vor den anderen zu vertreten.

Variante

Es kann auch eine kleine Gruppe diskutieren, während die anderen Schüler zuhören. Dafür bietet sich die Aufteilung wie in einem Aquarium an. 4 Schüler sitzen sich in der Mitte gegenüber. 2 Schüler vertreten eine Meinung, und die beiden anderen sind dagegen. Die anderen sitzen um die Diskussionsgruppe herum und beteiligen sich, falls der Gruppe keine Argumente mehr einfallen.

Kommentar

Bei „Nonsensdebatten" trauen sich oftmals auch die schüchterneren Schüler, zu reden. Hier können sie ihren Gedanken einfach freien Lauf lassen und brauchen keine Angst zu haben, zu wenig über das Thema zu wissen.

Unterrichtsziele spielend erreichen:

Die besten Spiele als Muntermacher zwischendurch

Kapitel 2

Die besten Spiele als Muntermacher zwischendurch

Bei dem Begriff *Muntermacher* denken Sie wahrscheinlich zuerst an Bewegungsspiele, die Sie einsetzen können, um die Kinder wieder Energie tanken zu lassen. Diese eignen sich vor allem nach Phasen der längeren Konzentration, wie etwa nach Klassenarbeiten, intensiven Arbeitsphasen oder konzentriertem Lesen.

Wohltuende Pausen zwischendurch sind unbedingt nötig, um die Motivation aufrechtzuerhalten und einen Leistungsabfall zu verhindern. Am besten machen Sie bei diesen Spielen gleich selbst mit.

Sie glauben gar nicht, wie beispielsweise imaginäres Medizinballwerfen („Was wirfst du denn da?", s. S. 43) dem Rücken guttut.

Auch wenn Sie normalerweise die Waschanlage bevorzugen, waschen Sie bei dem Spiel „Autowäsche" (s. S. 58) doch einfach mal wieder selbst Ihr „Auto" oder jemanden, den Sie gerne einseifen würden (Sie müssen es ja nicht verraten …).

Dann gibt es auch Spiele, die auf eine ganz andere Art munter machen, indem man sich auf etwas konzentriert, das man wahrscheinlich nie beachten würde (z.B. die leckeren Früchte beim „Mandarinen-Memo", s. S. 50).

Wer denkt schon daran, dass auch sehr ruhige Spiele auflockern können? Probieren Sie doch einmal das „Zeitlupenspiel" (s. S. 61) aus. So langsam haben sich Ihre Schüler noch nie bewegt. Und die schüchternen kommen dabei ganz groß raus.

Was wirfst du denn da?

Ziel fördert Vorstellungskraft und Einfühlungsvermögen
Dauer ca. 10 – 15 Minuten
Material –
Sozialform ganze Klasse im Stehkreis

So geht's

Alle Kinder stehen im Kreis. Nun beginnen Sie, einem Schüler pantomimisch einen Gegenstand zuzuwerfen, z.B. einen sehr schweren Medizinball. Dieser muss den Gegenstand pantomimisch fangen und dem nächsten Kind zuwerfen.
Alle müssen auf realistische Bewegungsabläufe achten:
Beim Medizinball müssen die Kinder zuerst in die Hocke gehen, den Medizinball langsam anheben und ihn dann unter Einsatz ihrer ganzen Kräfte zum anderen Kind hinüberstoßen.

Wer einen so schweren Medizinball fängt, muss natürlich auch in die Hocke gehen, um das Gewicht abzufedern, dann wieder ausholen und dem Nächsten zustoßen, bis alle Kinder einmal dran waren.

Nun können Sie andere Gegenstände auf die Reise schicken. Wie wäre es mit einer leichten Feder? Kann man eine Feder überhaupt werfen? Wie fliegt und springt ein imaginärer Gummiball? Was müssen die Kinder bei einem rohen Ei, einem Glibberpudding, einer Glaskugel oder glühender Kohle beachten?

Kommentar

Je seltsamer die Gegenstände werden, desto fantasievoller wird das Spiel. Vielleicht kann sich jeder reihum einen besonderen Gegenstand ausdenken, den er ins Spiel bringt.

Onkel Mo macht immer so!

Ziel	◉	trainiert die Merkfähigkeit, baut Anspannung ab
Dauer	◉	ca. 15 – 20 Minuten
Material	◉	–
Sozialform	◉	ganze Klasse im Sitzkreis

So geht's

Sie sitzen gemeinsam mit Ihren Schülern im Sitzkreis. Fragen Sie Ihren linken Nachbarn: *„Kennst du Onkel Mo?"*
Der Schüler kennt ihn natürlich nicht.
Sagen Sie nun: *„Onkel Mo macht immer so!"*, und tippen Sie sich dabei an die Stirn. Nun fragt dieser Schüler seinen linken Nachbarn: *„Kennst du Onkel Mo?"* Wieder wird die Frage verneint. *„Onkel Mo macht immer so!"*
Nun macht der Schüler Ihre Tätigkeit nach (an die Stirn tippen) und fügt gleichzeitig eine neue Tätigkeit hinzu (z.B. mit dem linken Fuß aufstampfen).
Die Frage wird reihum weitergegeben und immer weiter ergänzt (z.B. eine Augenbraue anheben, die Zunge rausstrecken, den kleinen Finger bewegen). Wenn die Runde zu Ende ist, bejahen endlich alle die Frage und machen gemeinsam die letzte und natürlich hoch komplizierte Bewegungsabfolge nach, die in jedem Fall in hemmungslosem Gelächter mündet.

Variante

Bei großen Klassen oder jungen Kindern sollten Sie bereits nach maximal 10 Schülern einen neuen Anfang starten, damit die Konzentration nicht überstrapaziert wird.

Kommentar

Das Spiel sorgt für enorm viel Spaß und gute Laune. Die Schüler dürfen hier in ihrem Bewegungsdrang nach Herzenslust kreativ sein. Natürlich grenzt es an Unmöglichkeit, sich 20 – 30 verschiedene Bewegungen zu merken. Aber die Hauptsache ist, dass anschließend alle Kinder vor Lachen und körperlicher Anstrengung „ausgepowert" sind.

Größer, kleiner, lauter, leiser

Ziel		genaue Wahrnehmung der Gruppe, nonverbale Kommunikation
Dauer		ca. 5–10 Minuten
Material		–
Sozialform		ganze Klasse im Stuhl- oder Sitzkreis

So geht's

Die Schüler sitzen im Stuhlkreis oder auf dem Boden.
Jemand macht eine einfache, sehr kleine Bewegung vor, z.B. einen winzigen Kreis in die Luft zeichnen.
Der linke Nachbar vergrößert nun die Bewegung, indem er den Kreis etwas größer in die Luft zeichnet.
Der Nächste vergrößert die Bewegung weiter, bis sie von allen zum Schluss riesengroß nachgemacht wird.
Möchte man das Spiel etwas lauter spielen, was besonders bei jungen Kindern gut ankommt, kann man auch Geräusche auf die Reise schicken: zuerst ein sehr leises Geräusch machen, das von Schüler zu Schüler immer etwas lauter werden muss. Dabei müssen die Kinder darauf achten, das Geräusch immer nur ganz leicht zu verstärken. Sonst ist schnell keine Steigerung mehr möglich.

Varianten

Es kann natürlich auch umgekehrt eine Bewegung oder ein Geräusch verkleinert bzw. vermindert werden.
Etwas schwieriger ist es, zwei Bewegungen gleichzeitig nach links und nach rechts loszuschicken, die sich dann im Laufe des Spiels überschneiden.

Kommentar

Bei der Geräusche-Variante ist es sehr sinnvoll, diese in einer ersten Runde zu steigern und in einer zweiten Runde wieder leise werden zu lassen, damit am Ende die Gruppe wieder zur Ruhe kommt.

Luftnasen

Ziel		löst Verspannungen im Nacken-, Kopf- und Schulterbereich
Dauer		1–2 Minuten
Material		–
Sozialform		ganze Klasse am Platz

So geht's

Diese kleine Übung können Sie jederzeit ganz spontan mitten im Unterricht durchführen:
Alle Schüler „malen" mit der Nase zuerst einen kleinen Kreis in die Luft.
Dann malen sie einen Strich von rechts nach links (und umgekehrt) in die Luft, der immer länger und länger wird.
Anschließend könnten Sie eine liegende Acht malen lassen. Insbesondere die liegende Acht trägt zur Entspannung der Nackenmuskulatur bei, die beim Schreiben besonders stark beansprucht wird. Probieren Sie es selbst aus!
Sie werden merken, wie bereits nach wenigen Sekunden Ihr Nacken immer lockerer wird.

Variante

Witzig ist es auch, wenn ein Schüler einen Begriff in die Luft schreibt und die anderen ihn erraten müssen.

Kommentar

Das Spiel eignet sich besonders gut nach längeren Arbeits- oder Schreibphasen. Sie können es auch gut dazu nutzen, um sprachliche Inhalte auf eine außergewöhnliche Art zu festigen. Hierzu schreiben die Schüler dann einfach Fachbegriffe oder Lernwörter mit der Nase in die Luft.

Pingpong mit dem ganzen Körper

Ziel	◉	lockert den ganzen Körper
Dauer	◉	ca. 10 – 15 Minuten
Material	◉	evtl. Musik zum Bewegen
Sozialform	◉	ganze Klasse im Stehkreis

So geht's

Alle Schüler stehen entspannt im Kreis. Noch schöner ist es, wenn lustige Musik dazu gehört werden kann. Alle Schüler tun so, als würden sie einen Pingpong-Ball verspeisen. Dieser Ball hüpft aber weiterhin durch den ganzen Körper. Erst hüpft er durch die Zehen und Füße, sodass diese zu wackeln beginnen.

Dann springt er die Beine hinauf, die sich nun mitbewegen. Anschließend kullert er im Bauch herum, der hin- und herkreist. Zum Höhepunkt springt der Ball auch durch die Arme und Hände und wieder zurück.

Nun hören die Körperteile in umgekehrter Reihenfolge wieder auf, sich zu bewegen, bis der ganze Körper wieder stillsteht.

Variante

Eine Alternative ist das Kaugummi. Zuerst müssen die Schüler einen imaginären Kaugummi kauen. Das dauert natürlich eine Weile.
Sie können sich dabei auch ihren Lieblingsgeschmack vorstellen.
Nachdem der Kaugummi gekaut ist, wandert er nun auch durch den ganzen Körper. Dabei muss man sich sehr recken und strecken, denn so ein Kaugummi hat ja lange Fäden und klebt ganz schön:
Ein Fuß streckt sich nach rechts, der andere nach links, die Arme nach oben. Der ganze Körper ist in „Kaugummibewegung". Hierzu eignet sich am besten etwas langsamere Musik, vielleicht sogar etwas Jazz.

Kommentar

Die Kaugummivariante mögen die Schüler besonders gerne, denn dabei können sie sich so richtig recken und ausstrecken.

Mir liegt es auf dem Fuß

Ziel		Balancegefühl und Koordination
Dauer		ca. 10 – 15 Minuten
Material		großer Radiergummi oder Footbag (kleines Sandsäckchen)
Sozialform		ganze Klasse im Sitzkreis

So geht's

Alls Schüler sitzen im Kreis auf ihren Stühlen. Ein Schüler beginnt und legt sich einen Radiergummi auf den Fuß. Diesen gibt er nun von Fuß zu Fuß an den rechten Schüler weiter. Das ist gar nicht so einfach, denn der Radiergummi muss sehr vorsichtig ausbalanciert werden. Jedes Kind muss sich außerdem selbst den Radiergummi zunächst vom linken auf den rechten Fuß legen.

Wenn alle das Prinzip verstanden haben, lassen Sie doch gegenüber im Kreis einen zweiten Radiergummi starten. Schafft es ein Radiergummi, den anderen einzuholen? In dem Fall wäre das Spiel nämlich beendet.

Geben Sie nach und nach immer mehr Radiergummis oder andere Gegenstände in den Kreis (Sandsäckchen, Streichholzschachteln usw.).

Varianten

Machen Sie ein Wettspiel daraus, und bilden Sie 2 Mannschaften. Welche schafft es als Erstes, den Gegenstand einmal im Kreis herumzugeben? Auch hierbei können Sie mehrere Gegenstände gleichzeitig umhergehen lassen oder 2 Gegenstände in entgegengesetzte Richtungen laufen lassen.

Kommentar

Bei diesem eher langsamen Spiel kommt es sehr auf Konzentration, Geschicklichkeit und einen „ruhigen Fuß" an. Achten Sie darauf, dass die Schüler nicht zu viel „Leerlauf" haben, indem Sie mehrere kleine Gruppen bilden oder viele Gegenstände gleichzeitig einsetzen.

Schnippschnapp, Bein ab!

Ziel	🔊	Verbesserung der Koordinationsfähigkeit
Dauer	🔊	ca. 10 – 15 Minuten
Material	🔊	–
Sozialform	🔊	ganze Klasse im Sitzkreis

So geht's

Alle Schüler sitzen im Kreis. Ein Kind ist das Krokodil „Schnippschnapp". Dieses sitzt natürlich nicht auf einem Stuhl, sondern bewegt sich kriechend auf dem Boden vor den Stühlen hin und her. Sein Ziel ist es, von einem Kind die Beine zu schnappen.

Doch die Kinder sind natürlich auf der Hut und heben ihre Beine hoch, (Knie ausstrecken), wenn „Schnippschnapp" kommt. Dann darf das Krokodil nicht zuschnappen.

Da aber niemand ewig die Beine in der Luft halten kann, hat das Krokodil eine gute Chance. Es muss nur ausdauernd sein und die Kinder gut beobachten. Wen Schnippschnapp gezwickt hat, ist nun selbst an der Reihe und darf als Krokodil auf die Jagd gehen.

Damit „Schnippschnapp" nicht einfach vor einem bestimmten Kind wartet, bis es schlappmacht, muss sich das Krokodil selbst ununterbrochen bewegen.

Kommentar

Bei diesem spannenden Spiel ist natürlich jeder gerne das Krokodil, das am Boden kriecht. Hier ist auch ein wenig Taktik gefragt. Wenn das Krokodil absehen kann, dass ein bestimmtes Kind bald schlappmacht, sollte es sich rechtzeitig in Position bringen, um im entscheidenden Moment zuzuschnappen. Denn einfach vor dem Kind warten darf es nicht.

Mandarinen-Memo

Ziel	fördert die visuelle Wahrnehmung und die Konzentration
Dauer	ca. 10–15 Minuten
Material	für jedes Kind eine Mandarine
Sozialform	ganze Klasse im Sitzkreis

So geht's

Alle Kinder sitzen im Kreis. Verteilen Sie nun an jeden Schüler eine Mandarine (Sie können aber auch Äpfel, Apfelsinen oder Kirschen nehmen, je kleiner die Früchte, desto schwieriger wird es).
Jedes Kind soll nun die eigene Mandarine ganz genau ansehen.
Wie groß ist sie? Wie fühlt sie sich an, vielleicht weich oder ganz fest?
Welche Farbe hat sie? Hat sie irgendwo besondere Stellen oder Merkmale?
Sammeln Sie alle Mandarinen wieder ein, und mischen Sie sie einmal.
Nun soll jeder seine „eigene" Mandarine wiederfinden. Gelingt dies?
Wer sie gefunden hat, darf sie natürlich zur Erfrischung aufessen.

Kommentar

Dieses Spiel eröffnet den Schülern ganz neue Betrachtungsweisen.
Wer sieht sich schon normalerweise so genau eine Frucht an?
Durch diese intensive und konzentrierte Betrachtung kommen die Kinder auf angenehme Weise zur Ruhe – eine sehr schöne Erfahrung.
Sie können mit diesem Spiel auch zur Frühstückspause überleiten.

Verzwicktes Schenkelklopfen

Ziel	)))	Aktivierung beider Gehirnhälften, Koordination
Dauer	)))	ca. 5 – 10 Minuten
Material	)))	–
Sozialform	)))	ganze Klasse im Sitzkreis

So geht's

Alle Kinder sitzen im Kreis. Sie überkreuzen untereinander die Arme, sodass die rechte Hand auf dem rechten Oberschenkel des linken Nachbarn liegt und die linke Hand auf dem linken Oberschenkel des rechten Nachbarn. Somit liegen bei jedem Schüler zwei fremde Hände auf den Oberschenkeln.
Nun gilt es, reihum immer eine Hand nach der anderen zu bewegen und einmal auf den Schenkel zu klopfen. Dies erfordert schon einiges an Koordinationsgeschick. Nach zwei Runden sollten fast alle Schüler das Prinzip verstanden haben – und wenn nicht, wird es besonders lustig.

Variante

Bauen Sie doch ab und zu ein paar unvorhergesehene Richtungswechsel ein.

Kommentar

Wenn Sie das Spiel öfter durchführen, werden die Kinder bestrebt sein, immer schneller zu werden. Stoppen Sie doch einmal die Zeit, wie lange die Kinder – natürlich fehlerfrei – für einen Durchlauf brauchen. So können die Schüler jedes Mal versuchen, ihren Rekord zu schlagen. Dies schafft ein schönes Gemeinschaftsgefühl.

Versteck summen

Ziel	entspannt und trainiert die Stimme
Dauer	ca. 5 – 10 Minuten
Material	–
Sozialform	ganze Klasse im Sitzkreis oder am Platz

So geht's

Die Schüler können sowohl im Kreis als auch auf ihren Plätzen bleiben.
In dem Fall wird es eher ein schneller Muntermacher:
Die Klasse bestimmt gemeinsam einen beliebigen Gegenstand.
Ein Schüler verlässt den Klassenraum. Nun wird dieser Gegenstand versteckt.
Wenn der Schüler die Klasse wieder betritt, fängt er an, zu suchen. Alle anderen Kinder beginnen nun, zu summen – und zwar immer lauter, je näher der Schüler dem Gegenstand kommt, und immer leiser, je weiter sich der Schüler vom Gegenstand entfernt.
Hat der Sucher den Gegenstand gefunden und fasst ihn an, hören alle schlagartig auf, zu summen.

Variante

Alternativ bestimmen die Kinder einen Gegenstand, der dem Sucher vorher unbekannt ist. Dann wird die Suche natürlich schwieriger, und die Klasse muss den Sucher durch präzises Summen gut unterstützen.

Kommentar

Summen tut gut. Es lockert die Stimmbänder und stellt ein schönes Gemeinschaftserlebnis dar. Gut geeignet für die erste Stunde.

Schlapp hat den Hut verloren

Ziel		Verbesserung der Konzentration
Dauer		ca. 10–15 Minuten
Material		–
Sozialform		ganze Klasse im Sitzkreis

So geht's

Alle Kinder sitzen im Kreis. Nun wird einmal, beginnend bei 1, durchgezählt, sodass jeder Schüler eine Zahl erhält.

Dann geht es los: Ein beliebiger Schüler (z.B. Nr. 15) beginnt und sagt:
„Schlapp hat den Hut verloren. 15 hat ihn nicht, 3 hat ihn!"

Nummer 3 muss gut aufgepasst haben und schnell antworten:
„3 hat ihn nicht, 21 hat ihn!"

Jetzt ist Nummer 21 an der Reihe und sagt etwas wie:
„21 hat ihn nicht, 8 hat ihn!"

Jeder muss sich also seine eigene Nummer gut merken und sofort reagieren, wenn diese aufgerufen wird. Da sich die Schüler nicht alle Nummern von allen Mitschülern merken werden, eignet sich dieses Spiel sehr gut dazu, dass wirklich unterschiedliche Kinder an der Reihe sind.

Variante

Schwieriger wird es, wenn nicht mehr die Nummern nach der Reihenfolge vergeben werden, sondern je nach Alter der Schüler größere Zahlen benutzt werden, z.B. im Hunderter- oder Tausenderraum. Um Zahlen zu üben, kann das Spiel insofern sehr gut im Matheunterricht eingesetzt werden.

Kommentar

Ein superschnelles Konzentrationsspiel, bei dem wirklich alle gefordert sind. Einschlafen ist unmöglich!

Alleskleber

Ziel	🎵	lockert den ganzen Körper, fördert das Klassenklima
Dauer	🎵	ca. 5–10 Minuten
Material	🎵	lustige Musik
Sozialform	🎵	ganze Klasse in Bewegung

So geht's

Am schönsten gelingt dieses Spiel, wenn Sie dazu rhythmische Musik hören.
Alle Schüler bewegen sich im Klassenraum zur Musik und gehen umher.
Nun rufen Sie ein Kommando, z.B.: *„Alle Popos kleben zusammen!"*
Jeder Schüler sucht schnell den nächsterreichbaren Popo und klebt daran fest.
Nachdem sich immer 2 Kinder gefunden haben, bewegen diese sich weiter zur Musik – mit zusammengeklebten Popos.
Zum Trennen rufen Sie: *„Kleber gelöst!"*
Alle gehen wieder zur Musik frei im Raum umher, bis Sie ein weiteres Kommando rufen, wie z.B.:
„Alle rechten Knie kleben zusammen!"
Nun finden sich immer 2 Kinder, die ihre rechten Knie aneinanderkleben und sich auf diese Weise weiter im Raum bewegen.
Führen Sie dieses Spiel mit allen denkbaren Körperteilen fort, bis die Kinder genug haben (z.B. Ellenbogen, Hinterköpfe, Füße, Schultern ...).

Variante

Sie können während des Spiels auch eine Gruppengröße festlegen, indem Sie rufen: *„Drei Popos kleben zusammen!"* Dann eignet sich das Spiel auch gut zum Einteilen von Gruppen.

Kommentar

Dieses Spiel eignet sich hervorragend, wenn die Kinder in konzentrierten Arbeitsphasen unruhig werden und Auflockerung brauchen. Da es körperlich recht anstrengend ist, besteht eine gute Chance, dass selbst die zappeligsten Kinder eine Weile ihren Bewegungsdrang gedeckt haben.

Comicsprache

Ziel	)))	fördert Kommunikation mit beschränkten Mitteln
Dauer	)))	ca. 10 Minuten
Material	)))	–
Sozialform	)))	ganze Klasse in Bewegung

So geht's

Comicsprache ist manchmal schon sehr seltsam lautmalerisch.
Statt ganzer Sätze liest man oft etwas wie:
„Ächz", „Stöhn", „Kicher", „Hüstel" usw.
Bei diesem Spiel sind alle Schüler Comichelden, die sich nur in der Comicsprache unterhalten dürfen.
Schreiben Sie mit den Schülern gemeinsam einige Comicäußerungen an die Tafel, sodass sich jeder einen Ausspruch aussuchen darf.
Nun gehen alle im Klassenraum umher. Auf ein Signal hin suchen sich alle einen Partner oder auch eine kleine Gruppe. Die Kinder unterhalten sich nun eine Minute lang auf „comicisch".
Jeder darf dabei nur die ausgesuchten Comicwörter benutzen.
Natürlich dürfen die Kinder Gefühle, Dramatik und große Gesten einbringen.
Anschließend trennen sich die Paare bzw. Gruppen wieder und suchen sich neue Konstellationen.
Nach 3 Runden kommen alle im Sitzkreis zusammen und besprechen kurz ihre Erlebnisse in der fremden Sprache. Konnten sich einige wirklich verständigen?

Kommentar

Comics mögen fast alle Kinder. In der Schule sind sie natürlich meistens nicht ganz so erwünscht – zumindest, wenn sie heimlich unter der Bank gelesen werden. Umso schöner ist es aber, wenn die Kinder ganz offiziell einmal „comicisch" reden dürfen.

Ab in die Ecke!

Ziel	◉	schnelle Auflockerung zwischendurch, cleveres Taktieren
Dauer	◉	ca. 5–10 Minuten
Material	◉	–
Sozialform	◉	ganze Klasse in Bewegung

So geht's

Für dieses Spiel benötigen Sie etwas Platz in den Ecken Ihres Klassenraums. Ein Schüler sitzt auf seinem Stuhl mit verbundenen Augen. Alle anderen Kinder verteilen sich beliebig in alle 4 Ecken des Klassenraums. Jede Ecke wird von 1–4 durchnummeriert. Nun nennt der sitzende Schüler eine Zahl zwischen 1 und 4, z.B. die 2. Alle Schüler, die in Ecke 2 stehen, müssen sich wieder auf ihren Platz setzen. Alle anderen Kinder verteilen sich beliebig neu in alle 4 Ecken.
Nun nennt der Schüler mit den verbundenen Augen wieder eine Zahl, z.B. die 3. Alle Schüler, die gerade in Ecke 3 stehen, setzen sich ebenfalls wieder auf ihren Platz. So geht es weiter, bis am Schluss nur noch ein Schüler übrig ist. Es dürfen auch die gleichen Ecken mehrfach hintereinandergenannt werden, ganz nach Belieben des Schülers mit den verbundenen Augen.

Variante

Noch interessanter wird das Spiel, wenn Sie die Runden zählen, bis nur noch 1 Schüler in einer Ecke übrig ist. Das Ziel für das Kind mit den verbundenen Augen ist es dann, möglichst schnell alle Ecken „leer zu räumen". Dabei kann es versuchen, anhand der Geräusche zu erkennen, in welcher Ecke sich die meisten Schüler befinden.
Die anderen Kinder können versuchen, ihren Widersacher in die Irre zu führen, in dem sie z.B. in einer Ecke laut trampeln und dann leise in eine andere Ecke schleichen.

Kommentar

Dies ist ein sehr spannendes Glücksspiel, verbunden mit ein wenig Taktik. Wer den Schüler mit den verbundenen Augen gut kennt, kann nach einiger Zeit vielleicht vorhersehen, in welcher Reihenfolge die Ecken genannt werden.

Mundartistik

Ziel lockert die Gesichtsmuskeln, trainiert die Geschicklichkeit
Dauer ca. 5–10 Minuten
Material 1–2 Strohhalme
Sozialform ganze Klasse im Sitzkreis

So geht's

Die Schüler sitzen im Sitzkreis. Ein Schüler klemmt einen langen Strohhalm zwischen Mund und Nase. Das sieht bereits witzig aus, da man einen „Kussmund" machen muss, um den Strohhalm überhaupt halten zu können. Nun muss der Nächste den Strohhalm übernehmen – natürlich ebenfalls zwischen Mund und Nase. Aber bitte nicht küssen!
So geht es reihum, bis jeder einmal dran war. Alternativ können auch 2 Teams gebildet werden. Welchem Team gelingt ein Rundlauf am schnellsten, ohne dass der Strohhalm auf den Boden fällt?

Varianten

Sie können eine Runde auch als Fußartistik durchführen. Dazu müssen sich die Schüler die Schuhe ausziehen und den Strohhalm mit den Füßen dem Nachbarn weiterreichen.
Manchen Kindern ist es allerdings peinlich, wenn sie sich die Schuhe ausziehen sollen. Spielen Sie stattdessen die Fingervariante: Hierbei soll der Strohhalm nur zwischen kleinem Finger und Ringfinger weitergegeben werden, was einige Mühen macht.

Kommentar

Dieses Spiel führt regelmäßig zu ausgelassener Stimmung und reduziert Berührungsängste zwischen den Kindern.

Autowäsche

Ziel		lockert und kräftigt den ganzen Körper
Dauer		ca. 5–10 Minuten
Material		–
Sozialform		ganze Klasse in Bewegung

So geht's

Alle Schüler verteilen sich frei im Klassenraum.
Nun darf sich jeder vorstellen, welches Fahrzeug er gerne waschen möchte.
Einige Kinder mögen sicherlich gerne Formel-1-Wagen, andere vielleicht einen Bus, ein Polizeiauto, ein Taxi oder einen riesigen Truck.
Und los geht's! Jetzt wird das imaginäre Auto ordentlich geschrubbt. Dazu wird zuerst das Auto von allen Seiten mit einem Wasserstrahl abgespritzt. Dann wird der Schwamm in einen Eimer mit schaumigem Wasser getunkt, um Scheiben und Karosserie des Autos zu putzen.
Die Kinder müssen sich recken und strecken, um auch das Dach schön sauber zu waschen. Zwischendurch muss natürlich immer wieder der Schwamm in den Eimer getaucht werden, damit er auch nass bleibt.
Zum Schluss werden sorgfältig Türgriffe, Scheinwerfer, Spiegel, Stoßstangen und natürlich am Boden die Felgen gewaschen.
Jetzt noch schnell alles blitzblank polieren – fertig!
Wenn die Kinder möchten, dürfen sie jetzt noch in der Sonne ihr Auto trocken fahren.

Variante

Manche Kinder mögen lieber Tiere. Lassen Sie doch einmal ein Pony striegeln oder einen Elefanten waschen. Wer traut sich an einen Dinosaurier heran?

Kommentar

So macht Putzen gute Laune! Lassen Sie die Schüler auch selbst Gegenstände oder Tiere aussuchen, die sie waschen möchten.

Zählen für Fortgeschrittene

Ziel	)	fördert die Merk- und Konzentrationsfähigkeit
Dauer	)	ca. 10–15 Minuten
Material	)	–
Sozialform	)	ganze Klasse im Sitzkreis

So geht's

Alle Kinder sitzen im Kreis. Nun wird reihum laut gezählt. Klingt einfach, wird aber schnell schwieriger, wenn für bestimmte Zahlen ein anderes Wort gesagt werden muss.
Statt der Zahl oder Ziffer 3 müssen die Kinder „*Tick*" sagen und statt der Zahl oder Ziffer 5 „*Tock*". Dies gilt also auch dann, wenn die verbotenen Ziffern in einer anderen vorkommen.

Die hier beschriebene Zahlenreihe würde sich dann so anhören:
„*1, 2, Tick, 4, Tock, 6, 7, 8, 9, 10, 11, 12, Tick, 14, Tock, 16 …*"

Variante

Mit älteren Kindern können Sie das Spiel auch um mathematische Besonderheiten ergänzen. So müssen nicht nur für alle Zahlen, die eine 3 oder 5 enthalten, „*Tick*" oder „*Tock*" gesagt werden, sondern auch für alle Zahlen, die durch 3 und 5 teilbar sind. Kommen die 3 und die 5 in einer Zahl als Ziffer oder Teiler vor, müssen die Kinder „*Ticktock*" sagen.

Die hier beschriebene Zahlenreihe würde sich dann so anhören:
„*1, 2, Tick, 4, Tock, Tick, 7, 8, Tick, Tock, 11, Tick, Tick, 14, Ticktock, 16 …*"

Kommentar

Die Variante ist zunächst sehr anspruchsvoll. Die Kinder entwickeln hier aber schnell einen enormen Ehrgeiz und werden immer besser. Durch dieses Spiel lernen die Kinder, schnell zu rechnen und mehrere Regeln gleichzeitig zu beachten.

Drüber und drunter

Ziel	🔊	trainiert Konzentrations- und Reaktionsvermögen
Dauer	🔊	ca. 10–15 Minuten
Material	🔊	–
Sozialform	🔊	ganze Klasse in Bewegung

So geht's

Für dieses Spiel benötigen Sie eine freie Fläche im Klassenraum (alternativ im Flur oder der Turnhalle). Alle Stühle sind kreuz und quer im Klassenraum verteilt.
Die Schüler dürfen sich leise frei bewegen.
Erzählen Sie eine Geschichte: Immer wenn Sie das Wort *Berg* benutzen, müssen alle Schüler schnell auf einen Stuhl klettern. Wenn Sie jedoch das Wort *Tal* erwähnen, muss sich jeder schnell flach auf den Boden legen. Wer dies als Letzter schafft, muss die Geschichte ein Stück weitererzählen.

Die Geschichte könnte so beginnen bzw. weitererzählt werden:
„Familie Meier wollte in den Sommerferien in den Urlaub fahren. Zuerst mussten sie über einen hohen Berg fahren. Oben ging leider das Benzin aus, sodass die Familie Meier das Auto ein Stück schieben musste.
Der Weg führte nun steil herunter, und das Auto wurde immer schneller.
Die Meiers sprangen schnell hinein und sausten durch ein schönes Tal mit vielen Blumen …"
Natürlich müssen die Begriffe *Berg* und *Tal* nicht immer abwechselnd genannt werden, sondern können in beliebiger Reihenfolge auftauchen.

Kommentar

Bei diesem Spiel kommen die Kinder schon mal kräftig ins Schwitzen, vor allem, wenn viele Signale schnell hintereinanderkommen. Wenn Sie ganz trickreich sein möchten, betten Sie doch die Wörter *Berg* und *Tal* beiläufig in komplexere Wörter ein, wie in *Bergsteiger*, *Bergluft*, *Talfahrt*, *Talent* (ganz gemein).

Zeitlupenspiel

Ziel	fördert Koordination und Körperbewusstsein
Dauer	ca. 5–10 Minuten
Material	sehr ruhige Musik
Sozialform	ganze Klasse in Bewegung

So geht's

Für dieses Spiel eignet sich sehr langsame und betont ruhige Musik. Alle Schüler stehen verteilt in der Klasse. Auf Ihre Anweisung hin dürfen sie sich nur im Zeitlupentempo bewegen. Am besten machen Sie dies einmal selbst kurz vor.

Jetzt wird es schwieriger. Geben Sie Anweisungen wie:
„Alle hüpfen wie ein Frosch!"
Das ist sehr anstrengend und lustig, denn man darf es ja nur in Zeitlupe machen! Jeder muss also ganz langsam in die Hocke gehen, die Beine anwinkeln, sich vorsichtig mit den Armen abstützen und dann, ganz langsam, sich wieder aufrichten und springen.

Weitere mögliche Kommandos:
„Stellt euch alle an die Wand, und macht ein Wettrennen zur Tafel!" oder „Spielt ein wildes Fußballturnier!".

Kommentar

Die langsamen, kontrollierten Bewegungen lassen die Kinder ihren Körper bewusst spüren und kräftigen die Muskulatur.

Stadtflitzer

Ziel	⦾	Trainieren der Bewegung und Aufmerksamkeit
Dauer	⦾	ca. 5–10 Minuten
Material	⦾	–
Sozialform	⦾	ganze Klasse in Bewegung

So geht's

Dies ist ein sehr lebhaftes Spiel, das großen Spaß macht.
Räumen Sie vorher die Tische etwas zur Seite, denn Sie benötigen etwas Platz. Hervorragend funktioniert es natürlich auf dem Schulhof oder in der Turnhalle.

Einige Schüler bilden Paare. Diese spielen kleinere Fahrzeuge wie normale Autos, Rennwagen, Motorräder oder vielleicht sogar eine Pferdekutsche.

3er- oder 4er-Teams bilden große Busse und Lkws.
Einzelne Kinder spielen Verkehrspolizisten oder Ampeln
(Arme zur Seite = rot, Arme nach unten = grün).

Jeweils der Vordermann eines Fahrzeugs bestimmt das Tempo, und der Hintermann steuert. Dieser gibt Kommandos wie „*Rechts!*", „*Links!*", „*Geradeaus!*", „*Schneller!*" oder „*Stopp!*". Aber aufgepasst! Manchmal ist eine Ampel auch rot!

Kommentar

Dieses Spiel eignet sich besonders gut für kurze Pausen oder Unterbrechungen, aber auch für Regentage, an denen sich die Kinder kaum draußen bewegen können.

Klein, aber fein

Ziel	)))	fördert räumliches Vorstellungsvermögen und genaues Beobachten
Dauer	)))	ca. 10–15 Minuten
Material	)))	–
Sozialform	)))	ganze Klasse in Bewegung

So geht's

Bei diesem Spiel begeben sich die Schüler auf Entdeckungsreise durch das Klassenzimmer. Die Aufgabe lautet: *„Benenne den kleinsten Gegenstand im Raum!"*

Nun darf sich jeder umsehen, welcher Gegenstand denn wirklich der kleinste sein könnte. Aber das darf vorläufig natürlich noch nicht verraten werden.
Der Gegenstand darf auch nicht mitgenommen werden, ja noch nicht einmal berührt werden. Wer glaubt, den kleinsten Gegenstand gefunden zu haben, setzt sich auf seinen Platz und schreibt oder malt ihn auf. Abschließend benennen alle ihren Gegenstand. Welcher war wirklich der kleinste?

Variante

Das Spiel funktioniert auch umgekehrt, wenn auch weniger subtil:
„Welcher Gegenstand ist der größte im Klassenzimmer?"

Kommentar

Ein sehr leises Spiel, bei dem die Schüler sehr ehrgeizig sind und genau beobachten und vergleichen müssen.

Der Ritt der Cowboys

Ziel	)	fördert die Konzentration
Dauer	)	ca. 5 Minuten
Material	)	–
Sozialform	)	ganze Klasse am Platz

So geht's

Dies ist ein Spiel, das Sie nur einmal durchführen können, dafür ist es aber sehr verblüffend. Sie müssen dazu den Schülern folgende Geschichte erzählen:
„*5 Cowboys reiten auf ihren Pferden durch den Wilden Westen. Am ersten großen Stein halten sie an. Hier nehmen 2 Cowboys einen anderen Weg. Nun reiten die restlichen Cowboys weiter. Am nächsten großen Stein halten sie wieder an. Hier warten schon 3 neue Cowboys. Sie reiten mit der Gruppe weiter. Am nächsten Stein halten sie wieder an. Hier verabschiedet sich 1 Cowboy und nimmt einen anderen Weg. Am nächsten großen Stein halten sie wieder an. Jetzt wollen 2 neue Cowboys mitreisen.*"

Frage: „*An wie vielen Steinen haben die Cowboys angehalten?*"
Diese Frage wird nun für einige Überraschung sorgen …

Kommentar

Insgeheim rechnen die Schüler natürlich mit, wie viele Cowboys jeweils in der Gruppe reiten. Der Clou ist natürlich die ganz unerwartete Frage. Hätten Sie es selbst gewusst? Hier merkt man sehr schön, wie man sich oft bei der Kommunikation auf eingefahrenen Gleisen bewegt.

Weder Hand noch Fuß

Ziel — fördert Konzentration und vernetztes Denken
Dauer — ca. 10–15 Minuten
Material — –
Sozialform — ganze Klasse im Sitzkreis

So geht's

Alle Schüler sitzen im Kreis. Sie beginnen mit einer Aussage und einer Bewegung. Sagen Sie z.B.: „*Das ist mein Knie.*" Dabei tippen Sie sich aber an die Stirn. Der nächste Schüler muss diesen Satz mit der (un)passenden Geste wiederholen und etwas Neues hinzufügen, z.B.: „*Ich tippe auf meine Hand.*" Dabei tippt er aber auf seinen Fuß.
So geht es reihum, bis der erste Schüler einen Fehler macht. Das nächste Kind beginnt dann wieder von Neuem.
Wie viele Runden schaffen die Kinder, ohne einen Fehler zu machen?

Kommentar

Das verwandte Spiel „Ich packe meinen Koffer" ist dagegen schon fast einfach, denn dabei müssen sich die Kinder „nur" Begriffe in der richtigen Reihenfolge merken. Bei diesem Spiel ist es jedoch äußerst knifflig, eine Aussage mit einer „falschen" Bewegung zu kombinieren, denn jeder ist ja bestrebt, das „Richtige" zu tun. Das Spiel fördert besonders das vernetzte Arbeiten beider Hirnhälften.

Entspannungstrainer

Ziel		entspannt den ganzen Körper
Dauer		ca. 5 – 10 Minuten
Material		–
Sozialform		ganze Klasse am Platz oder Sitzkreis

So geht's

Was ist schöner, als sich nach anstrengender Arbeit völlig zu erholen und zu entspannen? Jetzt dürfen die Schüler einmal „Entspannungstrainer" für alle sein. Jeweils ein Schüler darf den anderen vorführen, wie sie sich am besten entspannen können. Dazu stellt sich der Trainer vor die Klasse und führt seine Erholungstechnik vor.

Hier einige Vorschläge, wenn den Kindern nichts mehr einfällt:
- den Kopf auf den Tisch legen
- ausgiebig räkeln
- verkehrt herum auf den Stuhl setzen und den Kopf in die Arme legen
- abwechselnd Katzenbuckel und Hohlkreuz machen
- die Arme und Beine ausschütteln
- einen Partner massieren
- alle Muskeln gleichzeitig anspannen und wieder lösen
- tief einatmen und bewusst langsam die Luft entweichen lassen

Lassen Sie jeden Tag ein anderes Kind Entspannungstrainer sein.

Kommentar

Oftmals wissen die Schüler selbst sehr gut, was sie entspannt. Hier profitieren dann alle davon. Machen Sie auf jeden Fall selbst bei den Übungen mit.

Anfassen erlaubt

Ziel	)	lockert den ganzen Körper und fördert die visuelle Wahrnehmung
Dauer	)	ca. 5–10 Minuten
Material	)	–
Sozialform	)	ganze Klasse in Bewegung

So geht's

Alle Schüler bewegen sich frei im Klassenraum.
Geben Sie nun verschiedene Kommandos:

- „Alle auf den Boden fassen",
- „Alles anfassen, was aus Glas ist!",
- „Alles anfassen, was blau ist!",
- „Alles anfassen, was größer ist als du!",
- „Alles anfassen, was ganz leicht ist!",
- „Alles anfassen, was du gerne magst!",
- „Alles anfassen, was man zum Lernen braucht!" usw.

Kommentar

Hier können Sie sowohl Bewegungs- als auch Konzentrations-Übungen kombinieren. Es lassen sich immer wieder neue Möglichkeiten zum Anfassen finden. Da aber nicht exakt definiert wird, um was es sich handeln muss, gibt es auch kein Gedränge.
Jeder Schüler sucht sich weitgehend individuelle Dinge, die ganz unterschiedlich sein können. Beenden Sie das Spiel mit einer Reflexionsrunde, damit jeder noch einmal berichten kann, was er alles angefasst hat.

Tierkonzert

Ziel	lockert die Gesichtsmuskulatur und die Stimmbänder
Dauer	ca. 5 Minuten
Material	–
Sozialform	ganze Klasse im Sitzkreis

So geht's

Die Schüler sitzen entweder im Stuhlkreis oder an ihrem Platz.
Nun überlegen sich alle gemeinsam ein Tier, das ein Lied singen soll, z.B. eine Katze. Wenn die Katze nun „Alle meine Entchen" singen soll, muss sie das natürlich in der Katzensprache tun und das Lied mit *„Miau, miau, miau …"* maunzen. Wenn alle Schüler „Alle meine Entchen" miauen, sorgt das regelmäßig für einen tollen Schmunzeleffekt. Natürlich wollen auch andere Tiere im Tierkonzert mitsingen, z.B. Kühe, Hunde, Vögel. Aber wie hört sich eigentlich ein Regenwurm oder ein Schmetterling an?

Variante

Jeder Schüler darf sich sein Lieblingstier aussuchen, sodass es ein vielstimmiges Konzert gibt.

Kommentar

Das macht riesigen Spaß, kann aber etwas laut werden. Dann sagen Sie einfach, dass alle Flüstertiere sind und das Lied beispielsweise in Katzensprache flüstern.

Kanon klatschen

Ziel	🔊	Auflockerung und Stärkung der Konzentration
Dauer	🔊	ca. 5 Minuten
Material	🔊	–
Sozialform	🔊	ganze Klasse im Sitzkreis oder am Platz

So geht's

Ein ganz schnelles Spiel zur Erfrischung zwischendurch.
Alle Kinder musizieren in einem Kanon mit „Körper-Instrumenten", also mit Geräuschen, die sie mit ihrem eigenen Körper machen können.

Zu Beginn führen erst einmal alle Kinder den Ablauf gemeinsam aus, damit sie die Bewegungsfolge und den Rhythmus einüben.

Zunächst klatschen alle 4-mal mit den Händen auf die Oberschenkel, anschließend wird 4-mal in die Hände geklatscht. Danach 4-mal mit den Armen über Kreuz vor der Brust klatschen und zuletzt 4-mal mit erhobenen Armen schnipsen.

Wiederholen Sie diese Reihenfolge mit den Schülern so lange, bis sie diese eigenständig durchführen können.
Teilen Sie nun die Klasse in 2 Gruppen ein (Sitzkreis halbieren). Die erste Gruppe beginnt, 4-mal auf die Oberschenkel zu klatschen. Ein Takt später setzt die andere Gruppe mit dem Klatschen auf die Oberschenkel ein. Wenn dies gut klappt, lassen Sie den Kanon in 4 Gruppen klatschen (einfach den Sitzkreis vierteln). Wenn die erste Gruppe 4-mal auf die Oberschenkel geklatscht hat, setzt die zweite ein, dann die dritte, zum Schluss die vierte.

Kommentar

Je öfter die Schüler diesen Kanon üben, desto schneller können Sie ihn zwischendurch zur Auflockerung einsetzen. Er lässt sich auch prima zum Stundenbeginn einsetzen, um die Kinder zu erfrischen und anzuregen.

Unterrichtsziele spielend erreichen:

Die besten Spiele, um Kreativität zu fördern

Kapitel 3

Die besten Spiele, um Kreativität zu fördern

Kreativität ist eine Schlüsselkompetenz, die man ständig braucht: um Lösungen zu finden, mit unbekannten Situationen umzugehen, neue Entdeckungen zu machen. Manchmal auch, um eingetretene Pfade zu verlassen, damit man Spuren hinterlässt.

Man kann Kreativität nicht erzwingen, frei nach dem Motto: „Jetzt sind wir alle kreativ!" Die eigene Neugier muss geweckt werden, die Lust, Überraschendes zu entdecken und somit neue Verknüpfungen herzustellen.

Die Spiele zu diesem Zweck füllen manchmal eine komplette Unterrichtsstunde, wie etwa „Gemeinsames Bild" (s. S. 73) oder „Maschinen-Erfinder" (s. S. 78).

Haben Sie schon einmal einem Schulranzengespräch zugehört („Perspektivenwechsel", s. S. 79) oder mit Ihren Schülern eine „lebendige Maschine" (s. S. 84) gebaut?

Den kürzesten Ausflug ins Fußballstadion können Sie bereits im schuleigenen „Stadion" unternehmen (s. S. 92).

Ein aufschlussreicher Nebeneffekt:
Je öfter Sie diese Spiele mit Ihren Schülern durchführen, desto kreativer werden Sie selbst. Sie haben plötzlich ganz neue Ideen für Ihren Unterricht, können (noch) gelassener mehrere Tätigkeiten nebeneinander ausführen und finden schneller Lösungen, wo Sie vorher eher Probleme gesehen haben.

Probieren Sie es einfach aus!

Gemeinsames Bild

Ziel	fördert das freie Assoziieren und das Fortführen von Ideen
Dauer	ca. 30 – 45 Minuten
Material	Zeichenmaterial, Blätter
Sozialform	ganze Klasse im Sitzkreis am Boden

Kreativität

So geht's

Besonders gemütlich ist es, wenn alle im Kreis auf dem Boden sitzen (oder sogar liegen). Am besten benutzen die Kinder Sitzkissen oder weiche Teppiche.

Jedes Kind erhält ein Blatt und darf 1 Minute lang den Anfang eines beliebigen Bildes gestalten. Das Thema und die Mittel dazu sind völlig offen. Nach 1 Minute werden die Bilder reihum einen Platz weitergegeben. Natürlich weiß niemand genau, was der Vorgänger eigentlich malen wollte, doch das macht gar nichts.

Jeder gestaltet nun das Bild nach eigenem Geschmack weiter.
Nach 1 Minute wird wieder getauscht. So geht es immer weiter, bis das Bild wieder beim ursprünglichen Maler angekommen ist. Zum Abschluss stellt jeder sein Bild vor und erklärt, was er eigentlich malen wollte.

Kommentar

Teilweise ist bereits auf den Bildern etwas vorgegeben, was leicht weiterzuführen ist, manchmal sind die Zeichnungen sehr abstrakt, und es ist völlig unvorhersehbar, wie sie sich entwickeln werden. Diese Aktivität wird von den Kindern sehr emotional wahrgenommen und stärkt das Gemeinschaftsgefühl.

Zoom

Ziel	fördert fantasievolles und räumliches Denken
Dauer	ca. 15–25 Minuten
Material	evtl. Papier und Stifte
Sozialform	ganze Klasse im Sitzkreis

So geht's

Zu Beginn erklären Sie den Schülern am besten kurz, was *Zoom* bzw. *heranzoomen* bedeutet. Viele kennen diesen Vorgang bestimmt von Fotokameras: Ein entfernter Gegenstand wird immer näher herangeholt, sodass man immer mehr Einzelheiten erkennt. Darum geht es auch in diesem Spiel: Alle Schüler sitzen im Kreis. Nun beginnen Sie, eine Geschichte zu erzählen, die etwa so beginnen kann: *„Auf dem großen, weiten Meer fährt ein riesiges, weißes Schiff, auf dem uns viele Leute fröhlich zuwinken. Dieses Schiff hat sehr viele Bullaugen, so nennt man die Fenster in einem Schiff. Jetzt schalten wir den Zoom ein und können durch ein Bullauge hindurchschauen. Was könnt ihr sehen?"*
Nun ist ein Schüler an der Reihe. Er beschreibt z.B. eine Kabine, in der ein gemütlicher Sessel steht. *„Zoom!"* Der nächste erzählt, dass auf dem Sessel ein Mann sitzt. *„Zoom!"* Der nächste berichtet, dass der Mann einen Hut auf dem Kopf hat. *„Zoom!"* Auf dem Hut ist eine Feder. *„Zoom!"* Auf der Feder sitzt eine winzige Mücke. *„Zoom!"* So geht es immer weiter, bis niemandem mehr etwas Kleineres einfällt.

Variante

Sie können natürlich auch die Perspektive ändern und vom Kleinen zum Großen herauszoomen. Die Schüler können ihre Vorstellungen auch aufzeichnen. Hierzu falten sie ein Blatt 4-mal, sodass 8 Felder entstehen. In diese Felder dürfen sie nun jeweils eine Zoom-Ansicht malen.

Kommentar

Die Thematik des Zoomens fasziniert fast jedes Kind. Den Kindern wird bewusst, dass jeder Gegenstand und jedes Lebewesen Teil eines größeren Systems ist, aber selbst wieder aus unendlich kleinen Details besteht.

Es geht auch anders!

Ziel		fördert freies Assoziieren
Dauer		ca. 10 – 20 Minuten
Material		Alltagsgegenstände (Radiergummi, Lineal etc.)
Sozialform		ganze Klasse im Sitzkreis

So geht's

Mit dem Füller schreibt man, mit dem Radiergummi radiert man – das ist klar. Aber was kann man eigentlich sonst noch alles mit Gegenständen über ihren normalen Gebrauch hinaus machen? Hier ist die Kreativität der Schüler gefragt. Alle Kinder sitzen im Kreis. Geben Sie nun dem ersten Kind einen beliebigen Gegenstand in die Hand. Hierzu muss es nun eine alternative Verwendungsmöglichkeit finden.

Beispiel: *„Was kann man alles mit einem Bleistift machen?"*
Natürlich schreiben. Aber was noch? Als spitzen „Aufpiekser" für Verpackungen benutzen. Nun erhält das nächste Kind den Stift.
Was würde noch funktionieren? Ihn für artistische Balancierübungen auf den Fingern benutzen? Oder als Haarschmuck? Als Schaschlikspieß?
Zu welchem Gegenstand werden die meisten Ideen gefunden?
Es muss nicht unbedingt jede Idee ernst gemeint sein.

Kommentar

Je häufiger Sie dieses Spiel spielen, desto kreativer und fantasievoller werden die Schüler. Ob Brainstorming oder andere Kreativitätstechniken – hierbei lernen die Schüler wichtige Soft Skills.

Das größte Papierschiff der Welt

Ziel	⦾	fördert räumliches Denken und kooperative Fähigkeiten
Dauer	⦾	ca. 35 – 45 Minuten
Material	⦾	pro Gruppe 8 DIN-A3-Blätter, Klebestreifen, Stifte
Sozialform	⦾	3er- oder 4er-Gruppen

So geht's

Die Schüler bilden 3er- oder 4er-Gruppen (s. Band 1, ab S. 75).
Jede Gruppe benötigt 8 DIN-A3-Blätter, die mit Klebestreifen von den Schülern zu einem großen Blatt (DIN A0) zusammengeklebt werden. Dieses sieht natürlich an sich schon sehr eindrucksvoll aus. Aber es soll ja auch das größte Papierschiff der Welt werden.
Nun soll die ganze Gruppe aus diesem Riesenblatt ein Papierschiff falten. Die meisten Kinder können dies bereits. Ansonsten sollte ein Schüler den Vorgang vor der ganzen Klasse an einem kleineren Blatt vorführen und später den Gruppen helfen.
Wenn die Schiffe gefaltet sind, fängt die schönste Arbeit erst an. Denn jetzt sollen natürlich alle Schiffe angemalt und verziert werden. Hierzu gehören Bullaugen, Anker, Schornsteine, vielleicht ein Segel und natürlich fantasievolle Farben. Zum Schluss muss natürlich noch jedes Schiff einen Namen erhalten und wird in einer kleinen Ausstellung den anderen Gruppen präsentiert.

Kommentar

Diese gigantischen Papierschiffe sind ein echter Hingucker. Die Schüler lernen hier, ohne Leistungsdruck zusammenzuarbeiten – schließlich geht es hier um eine „Freizeitbeschäftigung" und nicht um eine „Pflichterfüllung".

Die Bildhauer

Ziel	fördert Kooperation, Motorik, genaues Beschreiben und Hinhören
Dauer	ca. 15–20 Minuten
Material	für jede Gruppe eine Augenbinde
Sozialform	4er-Gruppen

So geht's

Die Schüler bilden 4er-Gruppen (s. Band 1, ab S. 75). Jedes Team bestimmt ein „Modell", einen „Bildhauer", einen „Assistenten" und einen „Experten".

Zunächst werden dem Assistenten die Augen verbunden. Nun darf der Bildhauer sein Modell so hinstellen, dass es wie eine schöne Skulptur aussieht. Vielleicht muss es sich setzen, den linken Arm nach oben halten, den rechten Fuß über das linke Bein legen oder Ähnliches.

Da der Experte alles beobachtet hat, muss er nun dem Assistenten, der immer noch die Augen verbunden hat, genau erklären, wie das Modell aussieht.
Der Assistent muss nun nur aufgrund der Erklärungen möglichst genau die Position des Modells neben ihm einnehmen.
Ob ihm das gelingt? Zum Schluss nimmt der Experte dem Assistenten die Augenbinde ab, und alle vergleichen die beiden „Standbilder".

Kommentar

Je ausgefallener die Modelle bearbeitet werden, desto schwieriger ist es natürlich, diese nachzubauen. Es entstehen die seltsamsten Figuren, die meistens für großen Lacherfolg sorgen. Die Kinder merken schnell, dass sie nur zum Erfolg kommen, wenn sie genau beschreiben und zuhören.

Maschinen-Erfinder

Ziel	◎	fördert den kreativen Umgang mit vorgegebenen Strukturen
Dauer	◎	ca. 45 Minuten
Material	◎	vorbereitete Regelzettel, Papier, Stifte
Sozialform	◎	Partnerarbeit

So geht's

Bei diesem Spiel sollen die Kinder in Paaren eine „nützliche" Maschine erfinden. Dabei müssen sie allerdings ein paar Regeln einhalten. Diese Regeln schreiben Sie im Vorfeld auf kleine Zettel und sortieren sie in 4 Kategorien ein: *Einsatz, Größe, Anzahl der Teile* und *Besonderheit*.

Da jedes Paar später zufällig 4 Zettel zieht (einen aus jeder Kategorie), bereiten Sie doppelt so viele Zettel vor, wie Sie Schüler in der Klasse haben. (Beispiel: Bei 28 Kindern brauchen Sie zu den 4 Kategorien je 14 Zettel, also 56.) Hier einige Ideen zu den Kategorien, die Sie aufschreiben könnten:

Einsatz: in der Schule, auf dem Spielplatz, am Schreibtisch, in der Küche, beim Fahrradfahren, im Keller, bei Gefahr, nur zum Spaß …

Größe: passt in eine Hand, 30 – 40 cm, kugelförmig, winzig wie eine Streichholzschachtel, nur mit der Lupe zu erkennen, 2 Meter hoch …

Anzahl der Teile: Geben Sie eine Zahl zwischen 5 und 20 vor.

Besonderheit: Hier können Sie sich etwas ganz Ausgefallenes ausdenken.

Jedes Paar zieht aus jeder Kategorie einen Zettel und hat insgesamt somit 4 Zettel. Die Aufgabe für alle Paare lautet: Erfindet ein Gerät oder eine nützliche Maschine. Alle gezogenen Regeln müssen dabei beachtet werden. Nun dürfen die jungen Erfinder auf einem DIN-A3-Blatt herumtüfteln und ihre Maschine aufzeichnen.

Kommentar

Hierbei entstehen wirklich die aufregendsten Erfindungen. Es lohnt sich auf jeden Fall eine Klassenpräsentation. Interessant ist es vor allem, wie die Kinder mit (scheinbar) widersprüchlichen Regeln umgehen. Wie soll z.B. eine 2 Meter große Maschine beim Fahrradfahren helfen? Den jungen Tüftlern wird mit Sicherheit etwas einfallen …

Perspektivenwechsel

Ziel	🔊	Fähigkeit verschiedene Perspektiven einzunehmen
Dauer	🔊	ca. 30 – 45 Minuten
Material	🔊	Schreibpapier, Stifte
Sozialform	🔊	3er- oder 4er-Gruppen

So geht's

Die Schüler bilden 3er- oder 4er-Gruppen. Jedes Team erhält nun die Aufgabe, einen spannenden Schultag zu beschreiben, doch aus ganz anderer Perspektive.
Was könnte der Fußboden heute über den Schultag berichten?
Was hat sich wohl der kleine, rote Vogel gedacht, der den ganzen Vormittag von seinem Baum in den Klassenraum geschaut hat?
Was haben die Schulranzen heute gemeinsam erlebt?
Was denkt sich wohl die Wanduhr, die den ganzen Tag ungeduldig von den Kindern angeschaut wird?

Was würde passieren, wenn sie alle reden könnten?
Jede Gruppe sucht sich eine Perspektive aus. Ein Gruppenmitglied schreibt die Geschichte auf. Zum Schluss werden alle Geschichten vorgelesen.

Kommentar

Sie (und die Kinder) werden staunen, was die Gegenstände (oder Tiere) alles erlebt haben, über das Sie bisher gar nicht nachgedacht haben.

Handlung fortsetzen

Ziel	trainiert die Ausdrucks- und Wahrnehmungsfähigkeit
Dauer	ca. 15 – 20 Minuten
Material	–
Sozialform	ganze Klasse im Sitzkreis

So geht's

Alle Schüler sitzen im Kreis. Ein Schüler beginnt mit einer pantomimischen Handlung (z.B. eine Tüte aufreißen), der nächste muss nun diese Handlung fortsetzen (z.B. ein Bonbon aus der Tüte holen).

Die nächsten Kinder setzen wiederum nach und nach diese Handlung fort (das Bonbon aus dem Papier wickeln, das Bonbon in den Mund stecken, genüsslich lutschen, merken, dass es doch nicht schmeckt, wieder ausspucken etc). Wer die Handlung nicht mehr fortsetzen kann, beginnt mit der nächsten Pantomime.

Variante

Jüngere Kinder dürfen die Handlung, die sie vorspielen, auch kurz mündlich beschreiben, damit das nächste Kind weiß, um was es sich handelt.

Kommentar

Natürlich weiß nicht jeder, welche Handlung sein Nachbar gerade darstellt. Das ist aber gerade besonders lustig, da der Nächste der Handlung eine ganz neue Wendung geben kann. Am Schluss sollte es eine Reflexionsrunde geben, in der jeder sagt, welche Handlung er bei seinem Vorgänger vermutet hat und was er selbst daraus gemacht hat.

Was stellt unser Bild dar?

Ziel	)	stärkt die Kooperationsfähigkeit und die Feinmotorik
Dauer	)	ca. 20–30 Minuten
Material	)	Papier und Stifte, für jedes Kind eine Augenbinde
Sozialform	)	Partnerarbeit

Kreativität

So geht's

Die Schüler bilden Paare. Jedem Paar werden nun die Augen verbunden, und es erhält ein Malblatt. Jeder Schüler nimmt einen Stift in die Hand. Nun soll jedes Paar gemeinsam ein Bild mit vorgegebenem Inhalt zeichnen (z.B. einen Mond mit Sternen oder Wasser mit Fischen, auf den Wellen fährt ein Schiff).

Die Paare teilen die Malaufgaben untereinander auf. Wer links sitzt, malt z.B. das Wasser und die Fische auf dem Bild, wer rechts sitzt, malt das Schiff auf den Wellen. Da die Schüler die Augen verbunden haben, können sie ihre Zeichnung nicht sehen. Wenn alle das Malen beendet haben, sammeln Sie die Zeichnungen ein und hängen sie an die Tafel oder legen sie auf den Boden. Erst jetzt dürfen die Schüler die Bilder betrachten. Wer kann erraten, welches das eigene Bild ist?

Kommentar

Es ist bei diesem Spiel immer ein besonderes Erlebnis, das eigene Bild herauszufinden. Besprechen Sie mit den Schülern, woran man dies erkennen könnte. Ist es überhaupt möglich? Denken Sie daran, vorher die richtigen Namen mit Bleistift auf die Rückseite der Bilder zu schreiben.

Lügen erlaubt

Ziel	trainiert logisches Denken und Aufmerksamkeit
Dauer	ca. 20 Minuten
Material	–
Sozialform	ganze Klasse im Sitzkreis

So geht's

Bei diesem Spiel ist einmal ausdrücklich das Lügen erlaubt – aber die Lügen müssen natürlich geschickt verpackt werden.
Zunächst bilden die Schüler einen Sitzkreis. Nun beginnt ein Kind, zu erzählen, was es am letzten Tag oder am Wochenende erlebt hat.
In diese Erzählung soll es eine Lüge verpacken, die die anderen Kinder erraten müssen.

Eine Lügengeschichte könnte z.B. folgendermaßen aussehen:
„Am Wochenende bin ich mit meinen Eltern ins Freibad gegangen. Da war eine riesige Rutsche. Wir lagen auf der Decke in der Sonne. Da fielen ein paar Schneeflocken vom Himmel …"

An dieser Stelle müsste nun von einem anderen Kind *„Stopp!"* gerufen werden, denn die Schneeflocken waren sicherlich eine Lüge.
Wenn die Lüge entdeckt wurde, ist nun das andere Kind an der Reihe.
War die Stelle in der Erzählung aber nicht gelogen, geht es weiter.

Diese Lüge war natürlich offensichtlich.
Ältere Kinder dürfen sich ruhig auch etwas kniffligere Lügen einfallen lassen. Sie sollten in dem Fall Dinge in die Erzählung einbauen, die durchaus realistisch sind.

Kommentar

Besonders im morgendlichen Erzählkreis macht dieses Spiel großen Spaß, weil nicht alle einfach nur zuhören müssen, sondern genau aufpassen müssen und mitmachen können. So wird die Erzählrunde gleich viel interessanter. Erzählen Sie doch zwischendurch auch einmal eine Lügengeschichte über sich selbst …

Fabelhafte Fabelfigur

Ziel	)	trainiert Geschicklichkeit und fantasievolles Schaffen
Dauer	)	ca. 45 Minuten
Material	)	gesäuberte Abfallprodukte (Becher, Verpackungen, Papierreste etc.), Bastelmaterial
Sozialform	)	3er- oder 4er-Gruppen

So geht's

Für dieses Spiel können Sie prima sauberen und brauchbaren Abfall benutzen, der den ganzen Tag so in der Klasse anfällt, wie Verpackungsmaterial, leere und ausgespülte Trinkpäckchen, Papierreste usw.

Die Schüler bilden 3er- oder 4er-Gruppen. Jede Gruppe darf sich maximal 15 Produkte aussuchen. Sie können auch mit den Schülern nach draußen gehen, damit sie dort Naturmaterial sammeln können (aber bitte keine Zweige abbrechen oder Pflanzen zerstören).

Die Aufgabe für die Kinder ist es nun, aus dem Abfall-Material eine Fabelfigur herzustellen und ihr einen Namen zu geben. Achten Sie darauf, dass genügend Klebstoff, Fäden, Scheren und Klebestreifen vorhanden sind. Die fertigen Fabelfiguren werden anschließend auf einem Ausstellungstisch präsentiert. Hierzu lassen sich natürlich fantastische Geschichten schreiben.

Kommentar

Es ist bei diesem Spiel immer ein besonderes Erlebnis, das eigene Bild herauszufinden. Besprechen Sie mit den Schülern, woran man dies erkennen könnte. Ist es überhaupt möglich? Denken Sie daran, vorher die richtigen Namen mit Bleistift auf die Rückseite der Bilder zu schreiben.

Lebendige Maschine

Ziel	🌀	fördert die Fantasie, Kooperation und Koordination
Dauer	🌀	ca. 25 – 30 Minuten
Material	🌀	–
Sozialform	🌀	5er- oder 6er-Gruppen

So geht's

Kinder lieben es, Maschinen herzustellen. Hierzu bilden sie Teams von 5 oder 6 Schülern (s. Band 1, ab S. 75). Jedes Team bestimmt einen Maschinenbauer. Natürlich darf zwischendurch gewechselt werden, sodass jeder einmal der Maschinenbauer ist.

Dieser darf nun eine lebendige Maschine aus Kindern bauen. Dazu stellt er seine Team-Mitglieder so hin, dass sie eine fantasievolle Maschine darstellen. Jedes „Maschinenteil" muss auch eine entsprechende Bewegung ausführen, z.B. den linken Arm nach vorne und hinten bewegen, dem Nachbarn auf die Schulter klopfen, auf den Boden tippen, gerne auch ein bestimmtes Geräusch machen.

Am schönsten ist es, wenn alle Maschinenteile sich gemeinsam bewegen. Jetzt wird die Maschine eingeschaltet. Sie beginnt erst ganz, ganz langsam und wird dann immer schneller. Zum Schluss fällt die Maschine auseinander, und alle Kinder purzeln auf den Boden.

Kommentar

Ein sehr fantasievolles Spiel, das den Erfindergeist weckt. Lassen Sie den Maschinenbauer auch erklären, wozu seine Maschine gut ist.
Schaffen es die Kinder, sich synchron im Takt zu bewegen, oder gibt es ein heilloses Durcheinander?
Es sieht sehr beeindruckend aus, wenn die Maschine gleichmäßig schneller und schneller wird und anschließend im gleichen Tempo wieder langsamer wird, bis alle Teile wieder ruhen.

Krümelmonster mit System

Ziel ⟩) fördert das logische Denken und Abstrahieren
Dauer ⟩) ca. 10 Minuten
Material ⟩) –
Sozialform ⟩) ganze Klasse im Sitzkreis

So geht's

Dieses Spiel fördert die Kombinations- und Abstraktionsfähigkeit der Schüler. Sie müssen ein vorgegebenes System entschlüsseln.

Die Schüler sitzen im Kreis. Nun beginnen Sie:
„Das Krümelmonster isst sehr gerne und sehr viel. Es mag Süßigkeiten, aber keine Butterbrote."

Nun ist der nächste Spieler an der Reihe und sagt vielleicht:
„Es mag Jogurt, aber keine Kartoffeln." Das wäre falsch.

Ein anderer antwortet vielleicht:
„Das Krümelmonster mag Sahne, aber keine Bonbons." Das wäre richtig.

Richtig wären auch: „Schokolade, aber kein Kaugummi", „saure Drops, aber kein Käse", „Salzstangen, aber keine Wurst" ...

Haben Sie das System erkannt?
Das System ist: Alle Nahrungsmittel, die mit S anfangen, sind richtig. Denken Sie sich, je nach Alter und Leistungsfähigkeit der Schüler, verschiedene Systeme aus.
Beispiele:
▶ Das Krümelmonster mag nur Süßigkeiten, aber nichts Herzhaftes.
▶ Es spielt gerne Spiele an der frischen Luft, aber nicht im Zimmer.
▶ Es mag nur Dinge, die 5 Buchstaben haben.
▶ Es mag nur Nahrung aus Fleisch, aber nichts Pflanzliches.

Kommentar

Dieses Spiel können Sie auch gut einsetzen, um zu bestimmten Sachthemen den Unterrichtsstoff zu wiederholen.

Zeitung wenden

Ziel	trainiert Kooperation und Problemlösen
Dauer	ca. 10 Minuten
Material	alte Tageszeitungen
Sozialform	Partnerarbeit oder 3er-Gruppen

So geht's

Sie benötigen mehrere Doppelseiten einer alten Tageszeitung oder auch ein größeres Stück Pappe (am besten DIN A1). Die Schüler bilden Paare oder 3er-Gruppen.

Jede Gruppe stellt sich nun auf die ausgebreitete Zeitung bzw. auf die Pappe. Die Aufgabe lautet: *„Dreht eure Unterlage auf die andere Seite um, ohne von ihr herunterzusteigen!"* Hierbei müssen die Kinder besonders gut kooperieren und gemeinsam planen.
Sie können in einer Ecke beginnen und diese vorsichtig umdrehen oder auch zuerst die Hälfte der Unterlage umklappen und sich anschließend gemeinsam auf die andere Hälfte stellen.
Welches Team schafft es als Erstes, ohne den Boden zu berühren, sich auf die andere Seite der Unterlage zu stellen?

Kommentar

Erinnern Sie die Kinder daran, vorsichtig zu arbeiten, damit niemand ausrutscht. Sagen Sie den Schülern, dass es nicht nur auf Schnelligkeit, sondern vor allem auf das Geschick ankommt! Bilden Sie am besten Zufallsteams (s. Band 1, ab S. 75), denn es wird umso spannender, je weniger die Schüler miteinander vertraut sind. Am besten besprechen Sie die Erfahrungen anschließend im Sitzkreis.

Silbensalat

Ziel	fördert das Sprachgefühl
Dauer	ca. 15 Minuten
Material	Papier und Stifte
Sozialform	3er- oder 4er-Gruppen

So geht's

Die Schüler bilden 3er- oder 4er-Gruppen. Jedes Gruppenmitglied denkt sich 1 oder 2 Fantasiesilben aus (z.B. *do* und *sa* oder *fa* und *re*) und schreibt sie auf. Nun betrachtet die Gruppe alle gemeinsamen Silben und setzt daraus ein Fantasiewort zusammen. Aus den oben genannten Silben könnte z.B. das Wort *safadore* entstehen. Nun muss das Team gemeinsam entscheiden, was das wohl für ein Wort sein könnte. Eventuell ein Tier oder ein Gegenstand? Vielleicht ist es aufgrund seiner Zusammensetzung aber auch ein Verb oder ein Adjektiv.

Jede Gruppe überlegt sich die Bedeutung ihres Fantasiewortes, je nach Alter der Kinder auch die Wortart, und stellt das Wort der Klasse vor. Vielleicht malt die Gruppe auch ein passendes Bild dazu auf ein großes Blatt oder an die Tafel. Besonders lustig wird es, wenn jede Gruppe einen Steckbrief zu ihrem Wort verfasst und diesen den anderen Gruppen vorliest. Das bietet sich vor allem bei Fantasietieren an.

Kommentar

Hierbei entstehen die abenteuerlichsten Deutungen, die Sprachgefühl und Kreativität sehr anregen. Nehmen Sie dieses Spiel zum Anlass, über die Silbenstruktur von Wörtern nachzudenken. Warum denkt man bei manchen Fantasiewörtern eher an Dinge, bei anderen eher an Eigenschaften oder Tätigkeiten?

Bildermischmasch

Ziel	◉	regt die Fantasie an
Dauer	◉	ca. 15–20 Minuten
Material	◉	Papier und Stifte
Sozialform	◉	Partnerarbeit

So geht's

Die Schüler bilden Paare. Gemeinsam sollen die Partner nun 2 Fantasietiere zeichnen. Da die Kinder aber noch nicht sehen sollen, was der Partner malt, setzen sich die Paare zunächst auseinander.

Jeder erhält nun ein Blatt Papier, das vertikal zur Hälfte gefaltet wird.

Auf die linke Hälfte malt ein Partner nun den vorderen Teil seines Lieblingstieres, und das andere Kind malt auf seinem Blatt auf der rechten Hälfte den hinteren Teil seines Lieblingstiers.

Dies sind natürlich zwei ganz unterschiedliche Tiere. Anschließend werden die Blätter getauscht. Die bemalte Hälfte wird aber dabei nach hinten geklappt, damit der Partner das Ergebnis noch nicht sieht.

Nun malt jeder auf dem Blatt des anderen die noch fehlende Hälfte.

Da natürlich niemand weiß, welches Tier denn der andere gemalt hat, zeichnen die Kinder auch hier die Hälfte eines beliebigen Tieres.

Zum Schluss werden die Bilder aufgeklappt – ein ganz neues Tier ist entstanden! Wie soll es heißen?

Wichtig: Kennzeichnen Sie am besten vorher die Punkte, an denen sich die beiden Hälften des Tieres berühren sollen, damit sie auch zueinander passen.

Kommentar

Besonders jüngere Kinder sind von dem entstandenen Fabeltier fasziniert. Sie können auch jedes Kind ein vollständiges Tier zeichnen lassen, dieses laminieren und in der Mitte durchtrennen. So haben Sie ein tolles Domino-Spiel für kleine Pausen zwischendurch.

Original und Fälschung

Ziel	🔊	trainiert die visuelle Wahrnehmung und Konzentration
Dauer	🔊	ca. 30 – 45 Minuten
Material	🔊	Papier, schwarze Filzstifte, Kopiergerät
Sozialform	🔊	Partnerarbeit

So geht's

Ein Fehlerbild besteht aus zwei fast identischen Bildern, die untereinander oder nebeneinander angeordnet sind. Auf dem zweiten Bild sind einige kleine Veränderungen eingebaut, die gefunden werden müssen.

Jeder Schüler erhält hierzu ein DIN-A4-Blatt. Darauf malt nun jedes Kind ein Bild mit einem mitteldicken, schwarzen Stift. Dies kann ein vorgegebenes Thema, passend zum Unterricht, sein oder auch ein Bild nach Wahl.
Diese Bilder kopieren Sie 1-mal, sodass nun jeder Schüler zwei identische Bilder hat. Im nächsten Schritt sollen die Kinder auf der Kopie etwa 10 kleine Fehler mit dem schwarzen Stift einbauen, die auf den ersten Blick natürlich nicht zu erkennen sind.

Wenn Original und Fälschung fertig sind, tauschen die Kinder ihre Fehlerbilder mit dem Nachbarn. Wer findet die Fehler des anderen am schnellsten?

Kommentar

Die Kinder müssen beachten, dass sie auf der Kopie nur Dinge hinzufügen können, aber nicht mehr nachträglich löschen können. Möchten die Kinder derartige Fehler einbauen, dass Dinge unvollständig sind (z.B. im Haus fehlt ein Fenster), müssen sie daran denken, zuerst das Fehlerbild zu erstellen und auf der Kopie die Elemente hinzuzufügen.

Was wäre, wenn ...

Ziel	trainiert Argumentationstechniken
Dauer	ca. 15–20 Minuten
Material	–
Sozialform	ganze Klasse im Sitzkreis oder Kleingruppen

So geht's

Die Schüler überlegen und diskutieren gemeinsam im Sitzkreis oder in Kleingruppen: *„Was wäre, wenn ...*
... alle Schüler immer nur nette Dinge sagen dürften?"
... alle Lehrer grundsätzlich nur Einser geben würden?"
... jeden Tag die Sonne schiene?"
... man nicht mehr lügen könnte?"
... es keine Hausaufgaben gäbe?"
... es immer Sommer wäre?"

In Kleingruppen könnten die wichtigsten Ergebnisse in einem Gesprächsprotokoll festgehalten werden. So können die Gruppen später der ganzen Klasse ihre Erkenntnisse mitteilen.

Kommentar

Erstaunlicherweise finden es gar nicht alle Kinder toll, wenn es immer nur Sommer wäre. Viele würden das Spielen im Schnee vermissen. Sogar, immer nur Einsen zu bekommen, wird häufig sehr kritisch gesehen. Indem den Schülern spielerisch die Möglichkeit gegeben wird, sich mit sehr starken Vorstellungen auseinanderzusetzen, lernen sie, Themen von verschiedenen Seiten zu betrachten.
Dabei kommen sie meistens zu der Erkenntnis: Nichts ist besonders toll, wenn es immer eintritt.

Hallo, Gesicht!

Ziel	Verbesserung der mimischen Wahrnehmung
Dauer	ca. 10 – 15 Minuten
Material	Papier, schwarze Filzstifte, Kopiergerät
Sozialform	ganze Klasse im Sitzkreis

So geht's

Alle Kinder sitzen im Kreis. Ein Schüler zeigt mimisch, wie er sich gerade fühlt. Empfindet er gerade eine fröhliche Stimmung, kann er es dadurch zum Ausdruck bringen, dass er ein Lächeln oder Strahlen zeigt oder die Augenbrauen hochzieht. Nachdem er diese Stimmung ausgiebig genossen hat, streift er sich einmal mit der Hand über das Gesicht, so als würde er eine Maske abziehen, und wirft diese Maske pantomimisch einem anderen Schüler zu. Dieser setzt sich die gleiche Maske pantomimisch wieder auf und lächelt und strahlt nun ebenfalls wie sein Vorgänger.

Anschließend stellt er nun eine eigene Stimmung dar. Nach kurzer Zeit streift auch er sich diese Maske wieder ab und wirft sie einem weiteren Schüler zu. So geht es immer weiter, bis alle einmal an der Reihe waren.

Variante

Wenn ein Schüler seine Stimmung zeigt, sollen alle raten, um welche es sich wohl handeln könnte. Wer sie richtig errät, darf als Nächstes seine Maske zeigen. Umgekehrt können natürlich auch einmal Stimmungen vorgegeben werden, die dann von den Schülern reihum als Maske dargestellt werden sollen.

Kommentar

Dieses Spiel schafft ein Bewusstsein für die Kraft der Körpersprache. Wie fühlen sich die Kinder, wenn sie eine Maske aufhaben, obwohl diese Stimmung gerade gar nicht zu ihnen passt? Thematisieren Sie über dieses Spiel die Kontrolle über die eigenen Gefühle und wie es sich anfühlt, seine Gefühle hinter einer Maske zu verstecken.

Im Stadion

Ziel	schafft ein spannendes Gemeinschaftserlebnis
Dauer	ca. 10 Minuten
Material	–
Sozialform	ganze Klasse am Platz

So geht's

Ein Schüler darf den Raum verlassen. Alle anderen sind Zuschauer in einem riesigen Stadion. Während ein Schüler draußen ist, vereinbaren Sie gemeinsam, welche Veranstaltung gerade in diesem Stadion stattfindet.

Ist es ein aufregendes Fußballspiel? Ein spannendes Pferderennen? Ein Popkonzert? Die Eröffnungsfeier der Olympischen Spiele?

Wenn der Schüler wieder hereingerufen wird, müssen alle Stadiongäste so tun, als wären sie bei der entsprechenden Veranstaltung, und müssen natürlich anfeuern, klatschen, rufen, staunen, wie es sich gehört.
Hat der Schüler das richtige Stadion erraten, darf nun ein anderer die Klasse verlassen.

Da es im Stadion tendenziell immer sehr laut zugeht, müssen die Kinder darauf achten, wirklich ganz präzise die jeweilige Veranstaltung zum Ausdruck zu bringen, damit der ratende Schüler eine Chance hat. Wenn alle immer auf die gleiche Weise jubeln und klatschen, wird es natürlich schwierig.

Kommentar

Hierbei dürfen die Kinder nach Herzenslust aus sich herauskommen, trampeln und johlen. Achten Sie nur darauf, dass sie zu dieser Zeit keine anderen Klassen stören. Nach dem Spiel muss natürlich klar sein: Jetzt ist wieder Ruhe angesagt. So schnell haben Sie noch nie einen tollen Ausflug hinbekommen!

Über die Autorin

Dr. Jessica Lütge ist Germanistin, Medienwissenschaftlerin und Lehrerin für Grund-, Haupt- und Realschulen.
Sie arbeitet mit den Schwerpunkten „Spielpädagogik" und „Wohlfühlen in der Schule" an einer Grundschule und entwickelt kunterbunte Ideen, die den Schulalltag verschönern.
Infos zu Seminaren und Büchern sowie praktische Tipps erhalten Sie auf der Internetseite: **www.jessicaluetge.de**

Literaturtipps

Ellen Arnold:
Jetzt versteh' ich das! Bessere Lernerfolge durch Förderung der verschiedenen Lerntypen.
Verlag an der Ruhr, 2007.
ISBN 978-3-8346-0298-5

Katrin Barth, Angela Maak:
Deutsch mit dem ganzen Körper.
Kl. 1–4, Verlag an der Ruhr, 2009.
ISBN 978-3-8346-0481-1

Almuth Bartl, Dorothee Wolters:
Fun-Olympics. Sport- und Spaßspiele für alle.
Verlag an der Ruhr, 2008.
ISBN 978-3-8346.0411-8

Jean Feldman:
155 Rituale und Phasenübergänge für einen strukturierten Grundschulalltag.
Kl. 2–4, Verlag an der Ruhr, 2009.
ISBN 978-3-8346-0480-4

Nancy Lee Cecil:
Mit guten Fragen lernt man besser. Die besten Fragetechniken für den Unterricht.
Kl. 1–7, Verlag an der Ruhr, 2008.
ISBN 978-3-8346-0382-1

Angela Maak, Katrin Wemhöhner:
Mathe mit dem ganzen Körper.
Kl. 1–4, Verlag an der Ruhr, 2007.
ISBN 978-3-8346-0315-9

Kathy Paterson:
Kinder motivieren in 3 Minuten. 120 Übungen für alle Unterrichtssituationen.
Kl. 1–6, Verlag an der Ruhr, 2008.
ISBN 978-3-8346-0418

Petra Proßowsky:
Kinder entspannen mit Yoga. Von der kleinen Übung bis zum kompletten Kurs.
5–10 J., Verlag an der Ruhr, 2007.
ISBN 978-3-8346-0291-6

Doris Stöhr-Mäschl:
Ruhe tut gut! Fantasiereisen und Entspannungsübungen für Kinder.
5–12 J., Verlag an der Ruhr, 2008.
ISBN 978-3-8346-0420-0

Internettipps

www.labbe.de/zzzebra
Die wohl größte kostenlose Spiele- und Ideenauswahl
für Kinder und Pädagogen im Internet.
Hier finden Sie zu fast jedem Thema spannende Aktivitäten.

www.spielunterricht.de
Hier finden Sie interessante Artikel über allgemeine Spieltheorie
und über den Zusammenhang zwischen Spielen und Lernen.

www.gruppenspiele-hits.de
Bewegungsintensive Spiele für viele Gelegenheiten: auf Kinderfesten,
in Wald und Wiese, zum Kennenlernen und Vertrauen.

*Die in diesem Werk angegebenen Internetadressen haben wir geprüft
(Stand Mai 2009). Da sich Internetadressen und deren Inhalte schnell
verändern können, ist nicht auszuschließen, dass unter einer Adresse
inzwischen ein ganz anderer Inhalt angeboten wird. Wir können daher
für die angegebenen Internetseiten keine Verantwortung übernehmen.*

Verlag an der Ruhr

Alexanderstraße 54
45472 Mülheim an der Ruhr

Telefon 05 21 / 97 19 330
Fax 05 21 / 97 19 137

bestellung@cvk.de
www.verlagruhr.de

Es gelten die Preise auf unserer Internetseite.

■ Kinder motivieren in 3 Minuten
120 Übungen für alle Unterrichtssituationen
Kathy Paterson
6 – 12 J., 184 S., 16 x 23 cm, Paperback
ISBN 978-3-8346-0418-7
Best.-Nr. 60418
17,80 € (D)/18,30 € (A)/31,20 CHF

■ 111 Ideen für das 1. Schuljahr
Vom ersten Schultag bis zum letzten Buchstabenfest
Sabine Herzig, Anke Lange-Wandling
Kl. 1, 243 S., 16 x 23 cm, Paperback
ISBN 978-3-8346-0363-0
Best.-Nr. 60363
19,50 € (D)/20,– € (A)/34,20 CHF

■ Besser lernen durch Bewegung
Spiele und Übungen fürs Gehirntraining
Mary Ellen Clancy
6 – 12 J., 208 S., 16 x 23 cm, Paperback
ISBN 978-3-8346-0417-0
Best.-Nr. 60417
18,50 € (D)/19,– € (A)/32,40 CHF

Erste Hilfe Schulalltag
■ Vom Morgenkreis zum Abschiedslied
Themen- und Methodenübergänge ohne Chaos
Rae Pica
4 – 10 J., 119 S., 16 x 23 cm, Paperback
ISBN 978-3-86072-968-7
Best.-Nr. 2968
15,80 € (D)/16,25 € (A)/27,60 CHF

Strategien • Tipps • Praxishilfen